明利國小
—要帶大山守護的孩子走向世界—

自助出版學院 著

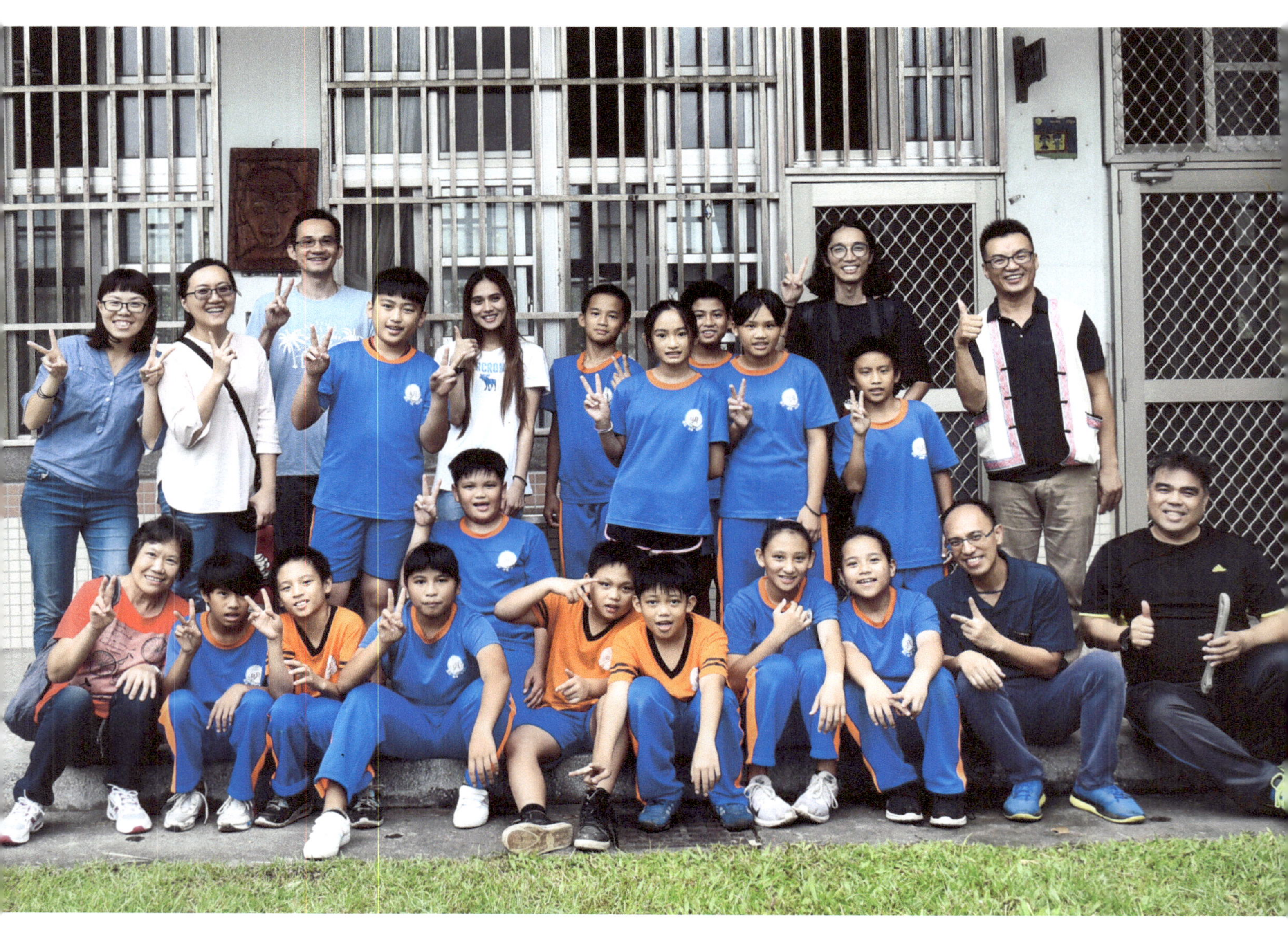

目　　錄

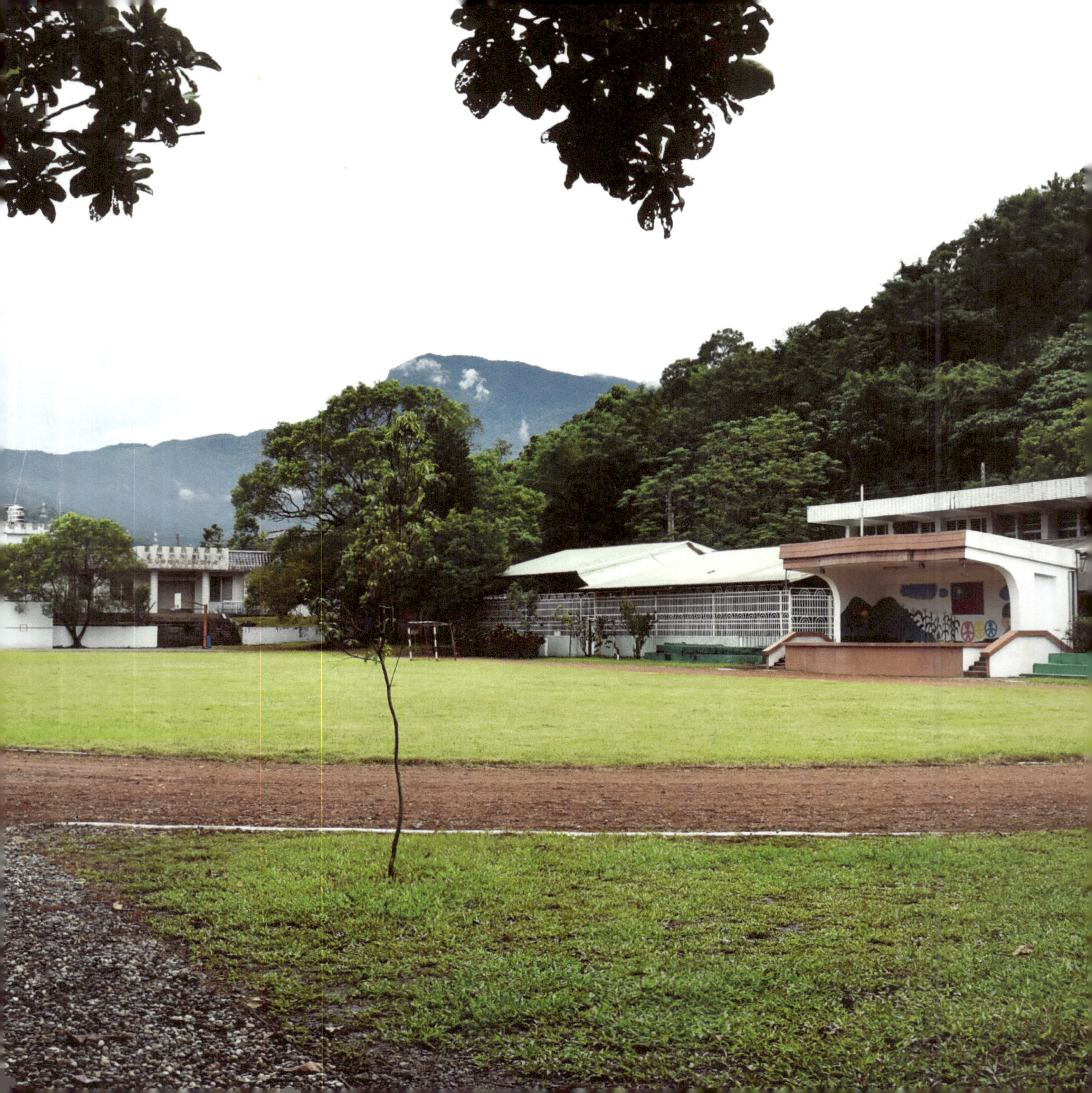

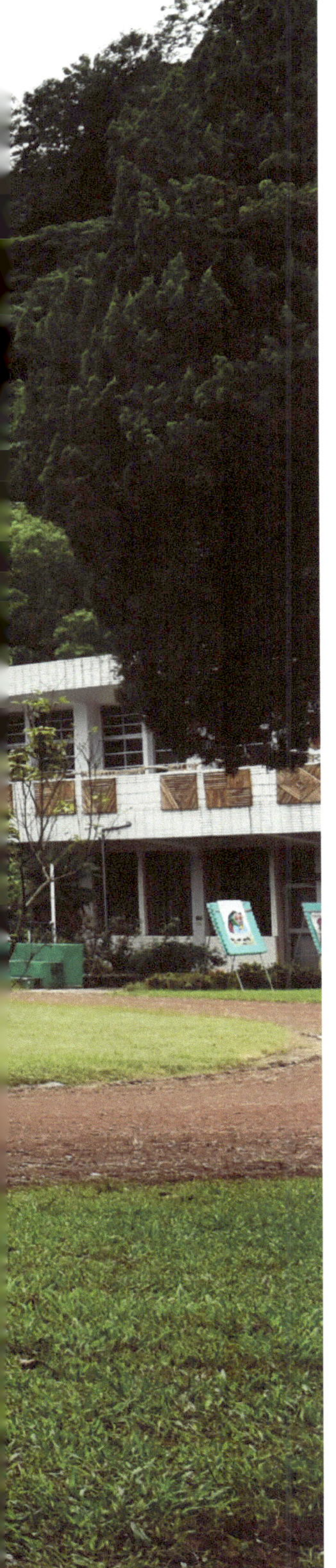

第一篇　學校介紹

太魯閣族的孩子在明利國小發芽

　　位於花蓮縣西方，地處中央山脈之上的「萬榮鄉」，是一個狹長的平原，大約有 60% 都在山地的包圍下，太魯閣語是這麼念的── Malibasi。古老的、傳統的太魯閣族是父系社會，在日常生活中是男獵女織的分工生活模式。

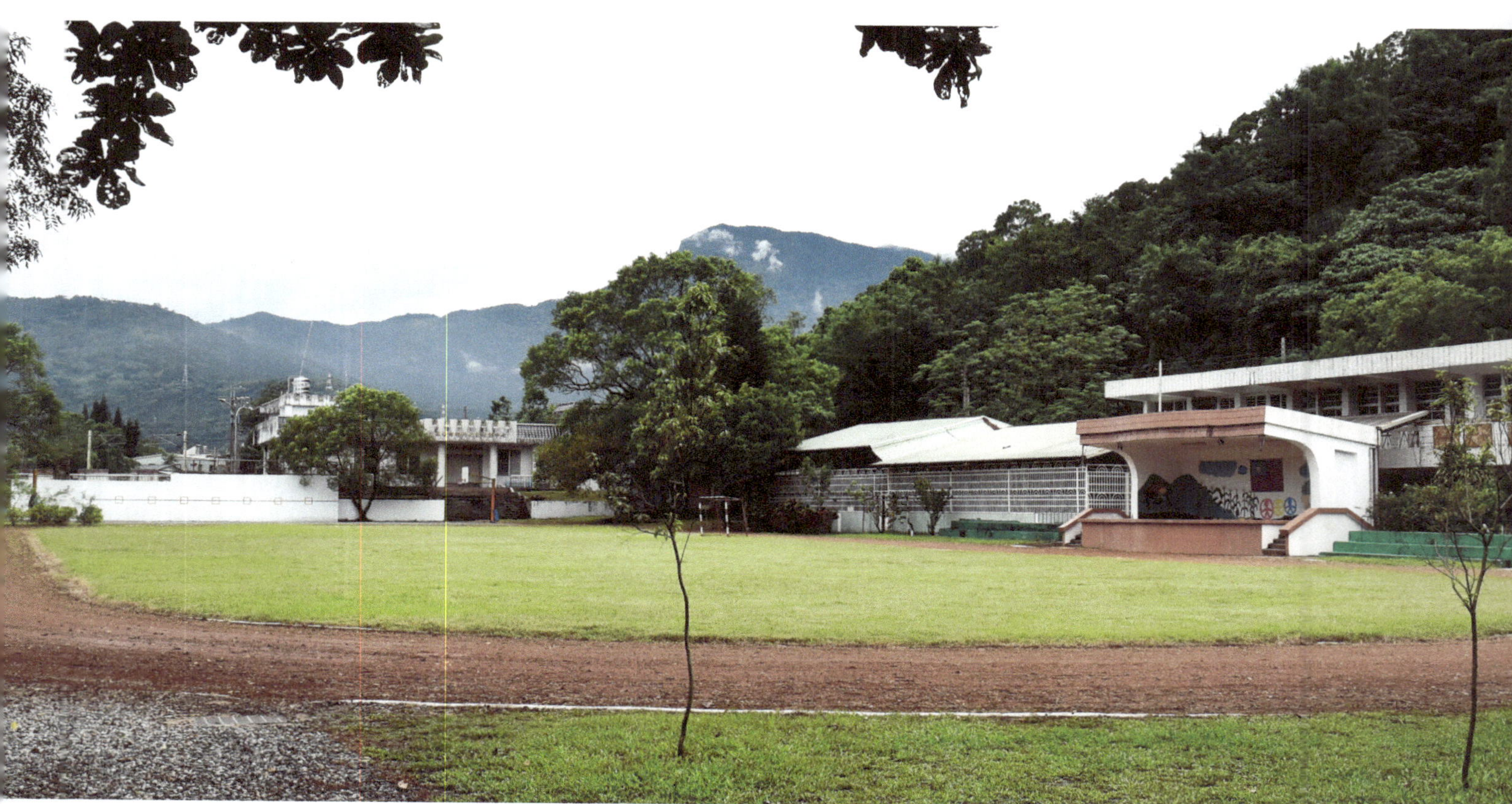

　　「明利國小」，成立於日據時代，位於風景秀麗的「碧侯潭」邊，校名為「達卡漢」（太魯閣語之明利村）番童教育所，民國 50 年獨立成為明利國民小學，學區包括現在的明利及萬榮兩村，由三個部落組成：山上的明利社區、馬太鞍社區大加汗及下部落的明利社區，其中太魯閣族學生占 98%。

一大清早，我們團隊滿心期待進了校園，主任熱情的帶著我們巡視校園的每一個角落，迎面而來的孩子們，有的笑得靦腆、有的笑容滿面、精神抖擻的大聲問好：客人好。

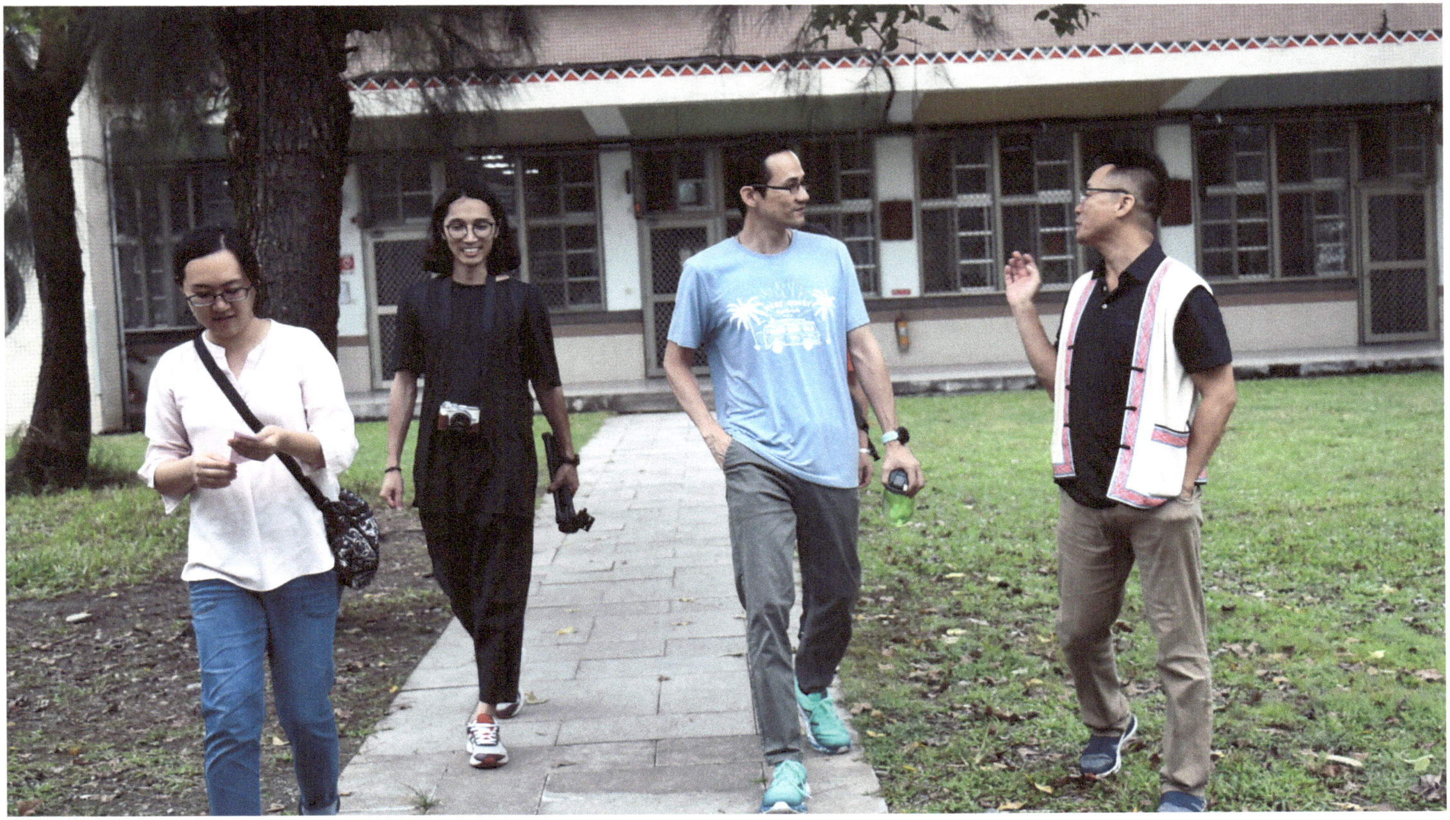

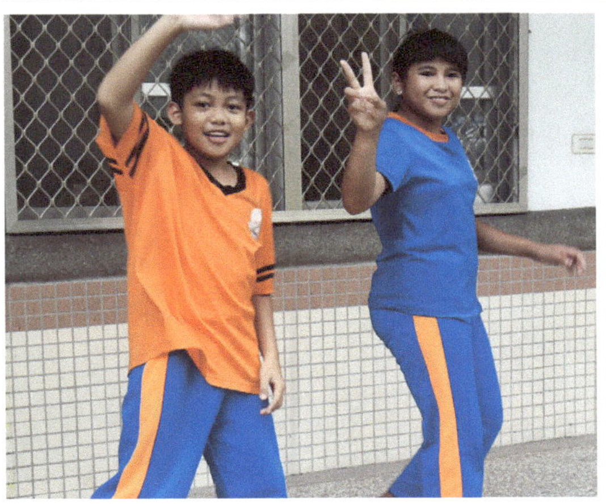

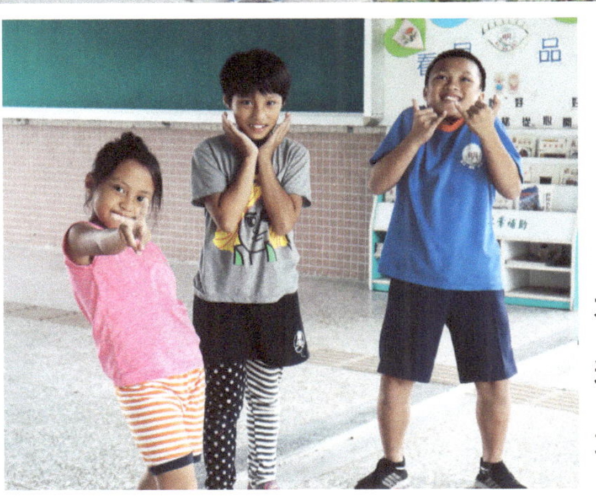

孩子們主動並且有禮貌地打招呼，對我們團隊來說，這是最棒的見面禮。

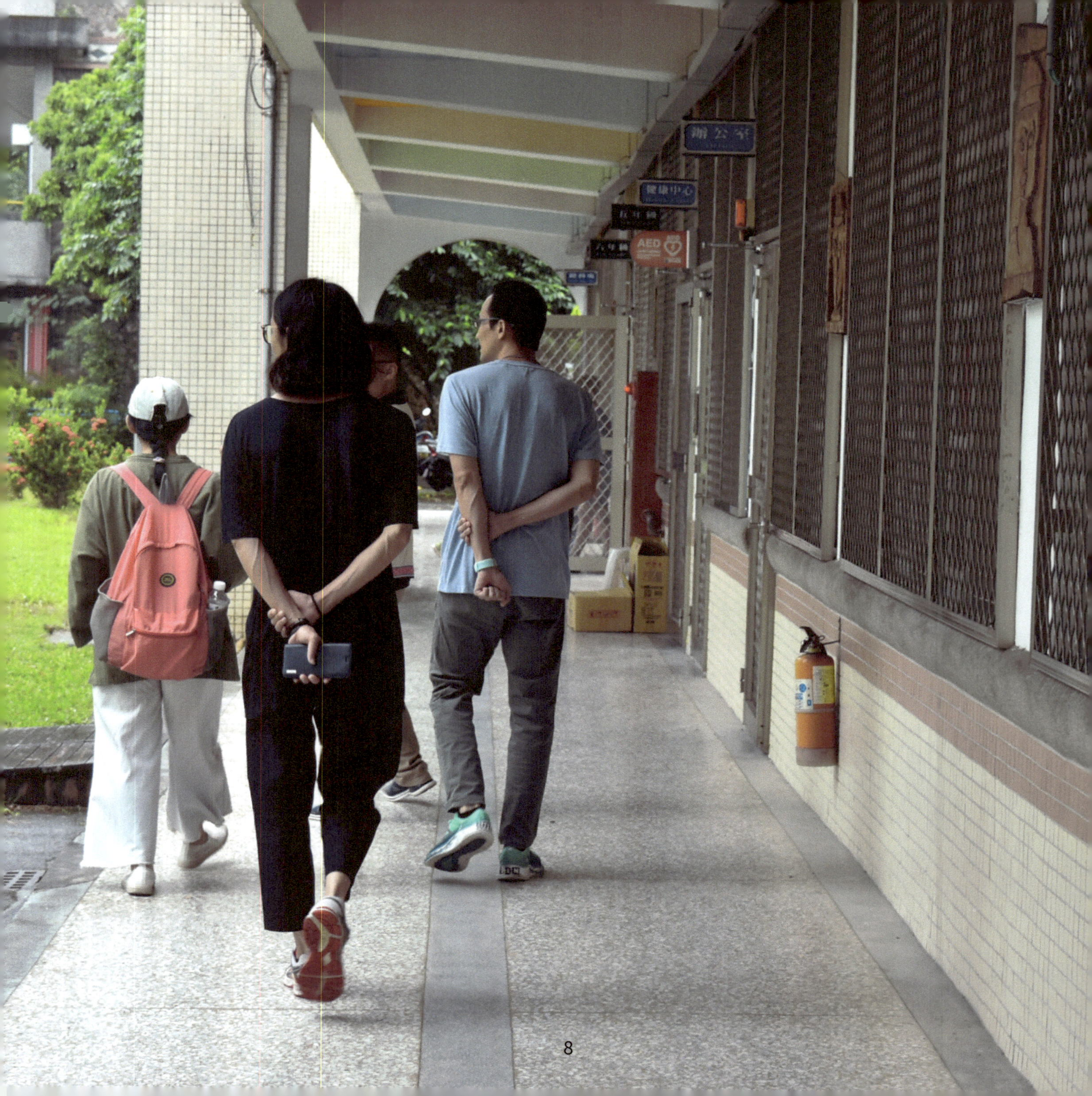

（下課鐘響，孩子們在司令台開心玩耍著。）

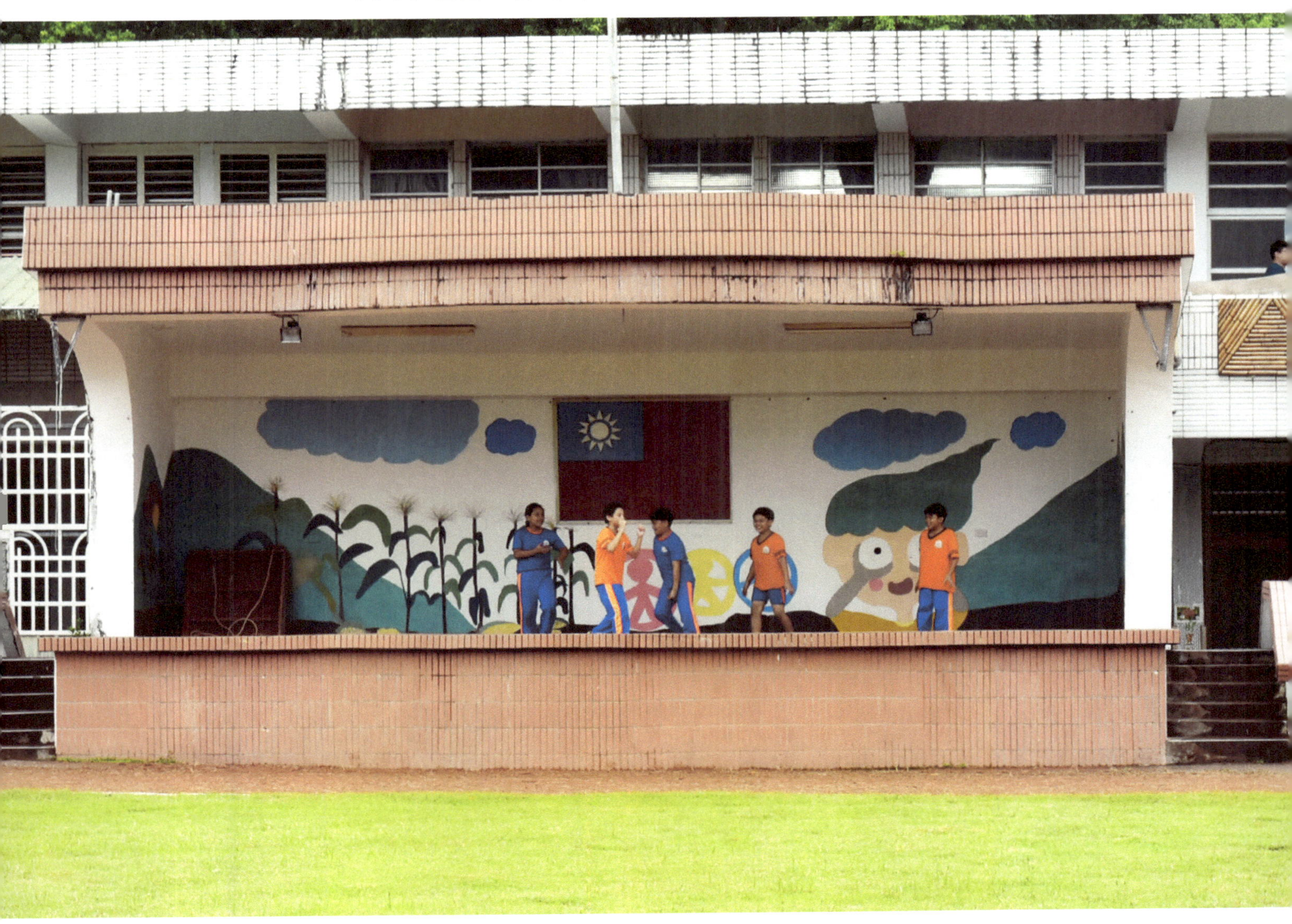

9

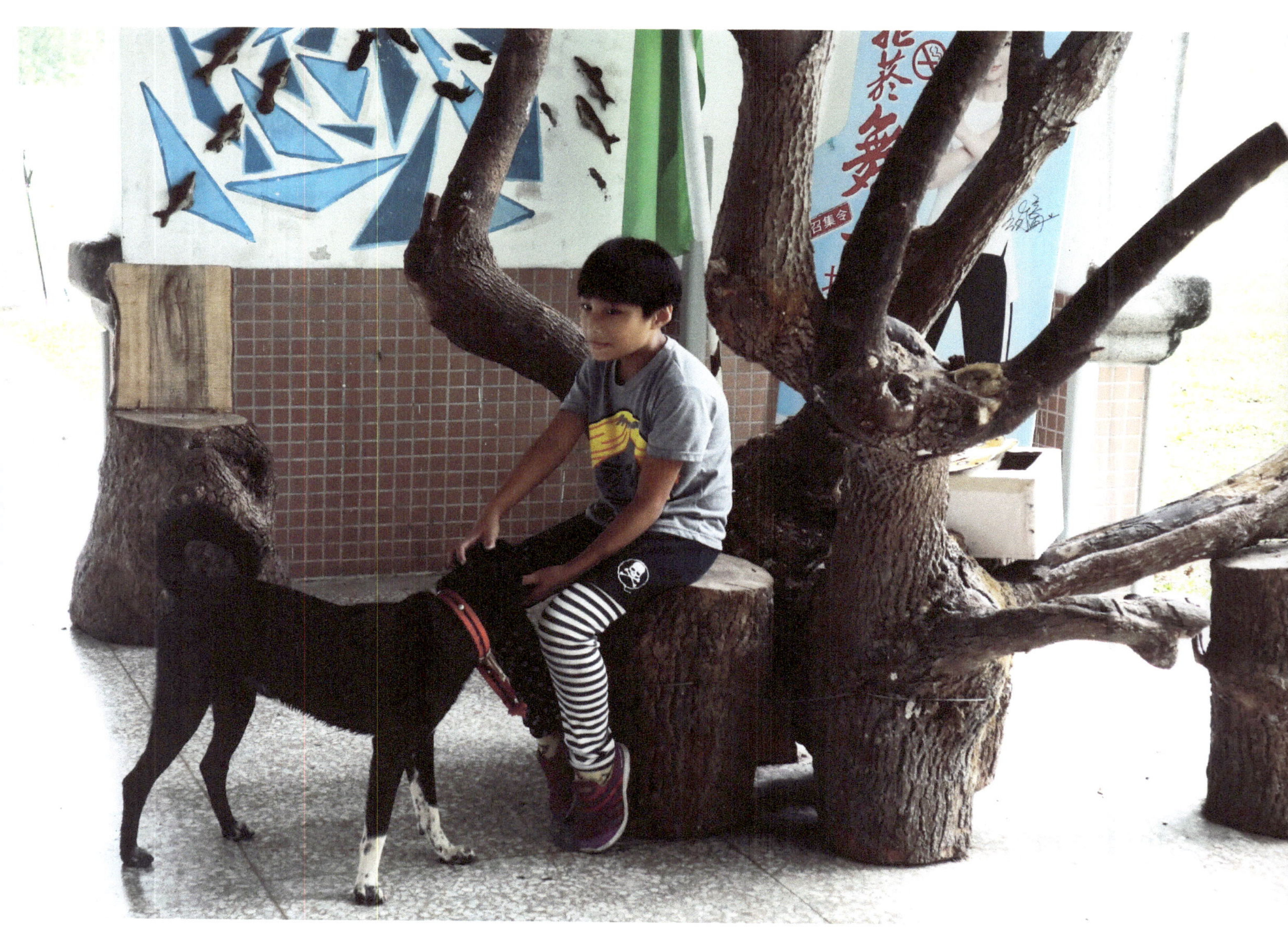

（男孩與狗狗在學校的一角，一個大自然留下來的藝術品－雷劈枯樹。）

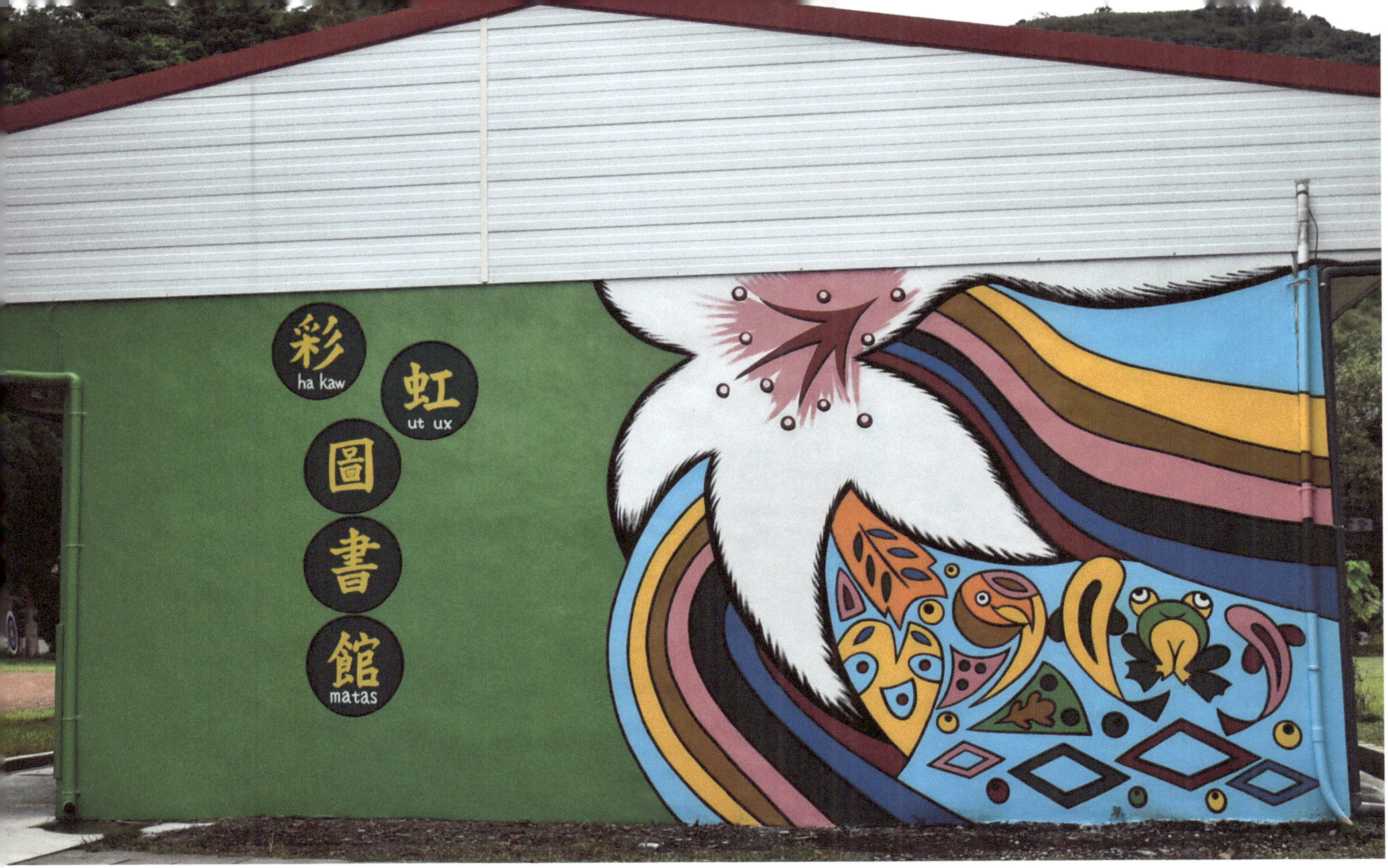

　　校園處處都可看見色彩繽紛的彩繪圖畫，更代表著小學生的活潑充滿活力的象徵。

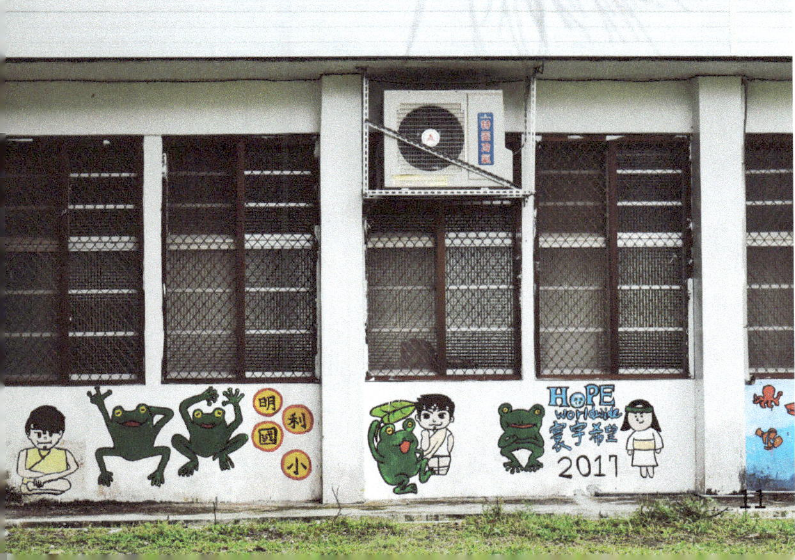

（從校園內還可以看見火車進站的驚喜畫面！）

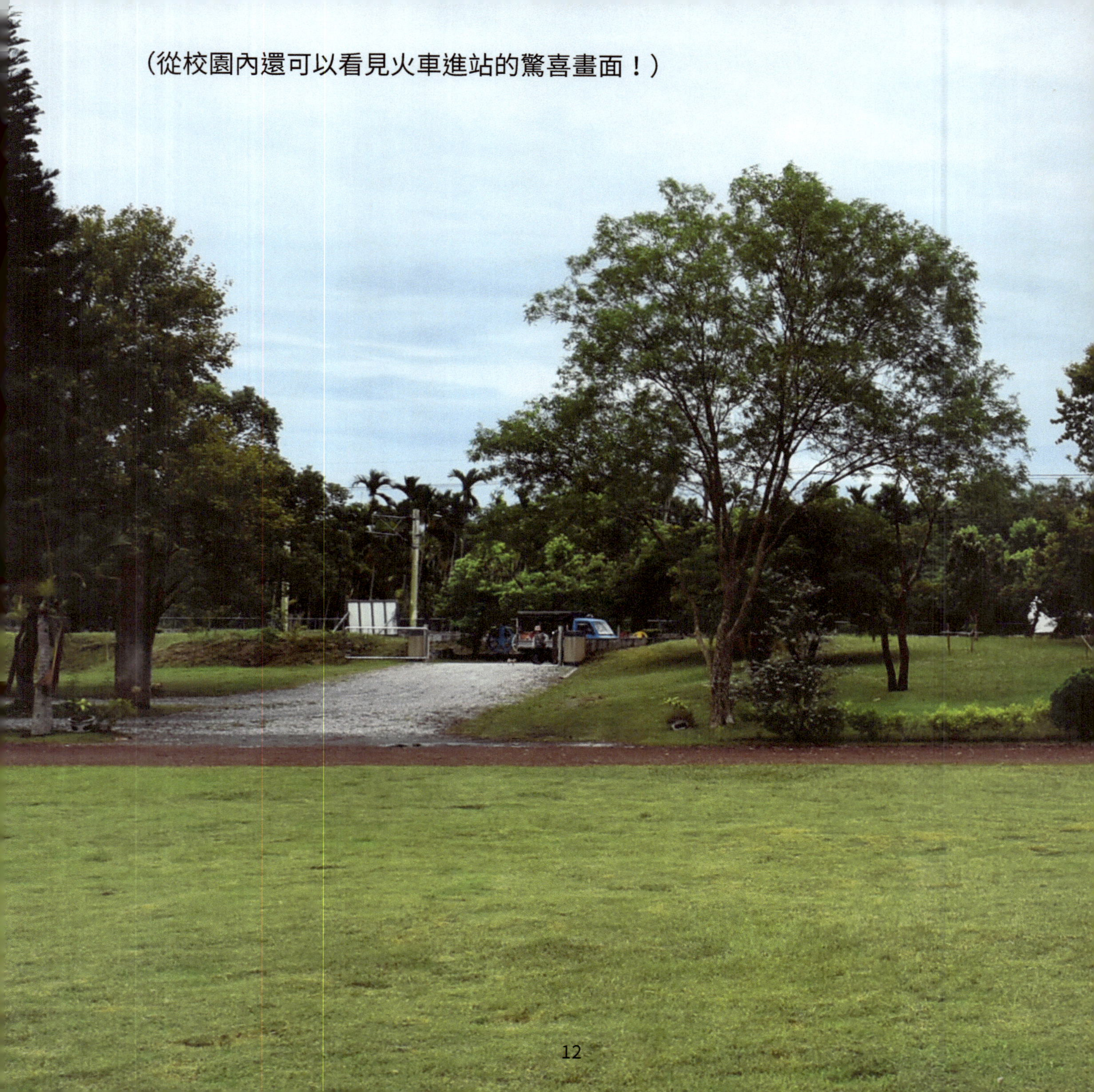

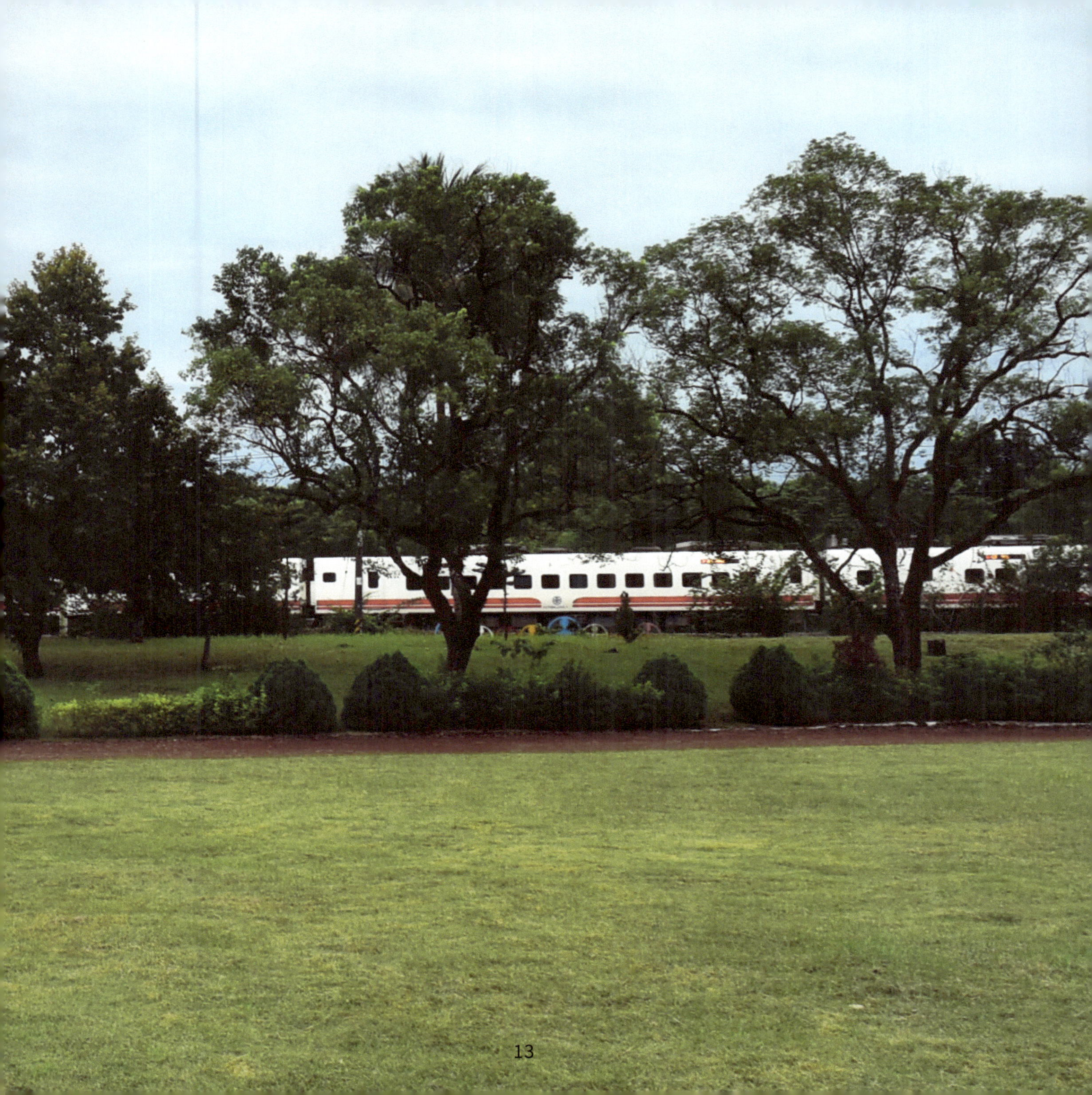

第二篇　教學特色

從走路上學與灑掃應對中扎根生活教育

　　學校很重視孩子們的生活教育與健康，要求多數孩子必須在早上 7 點半之前進校門。除了家人騎車載送之外，老師都鼓勵學生自己走路或騎單車上學，以早起走路來啟動每天學習的活力。

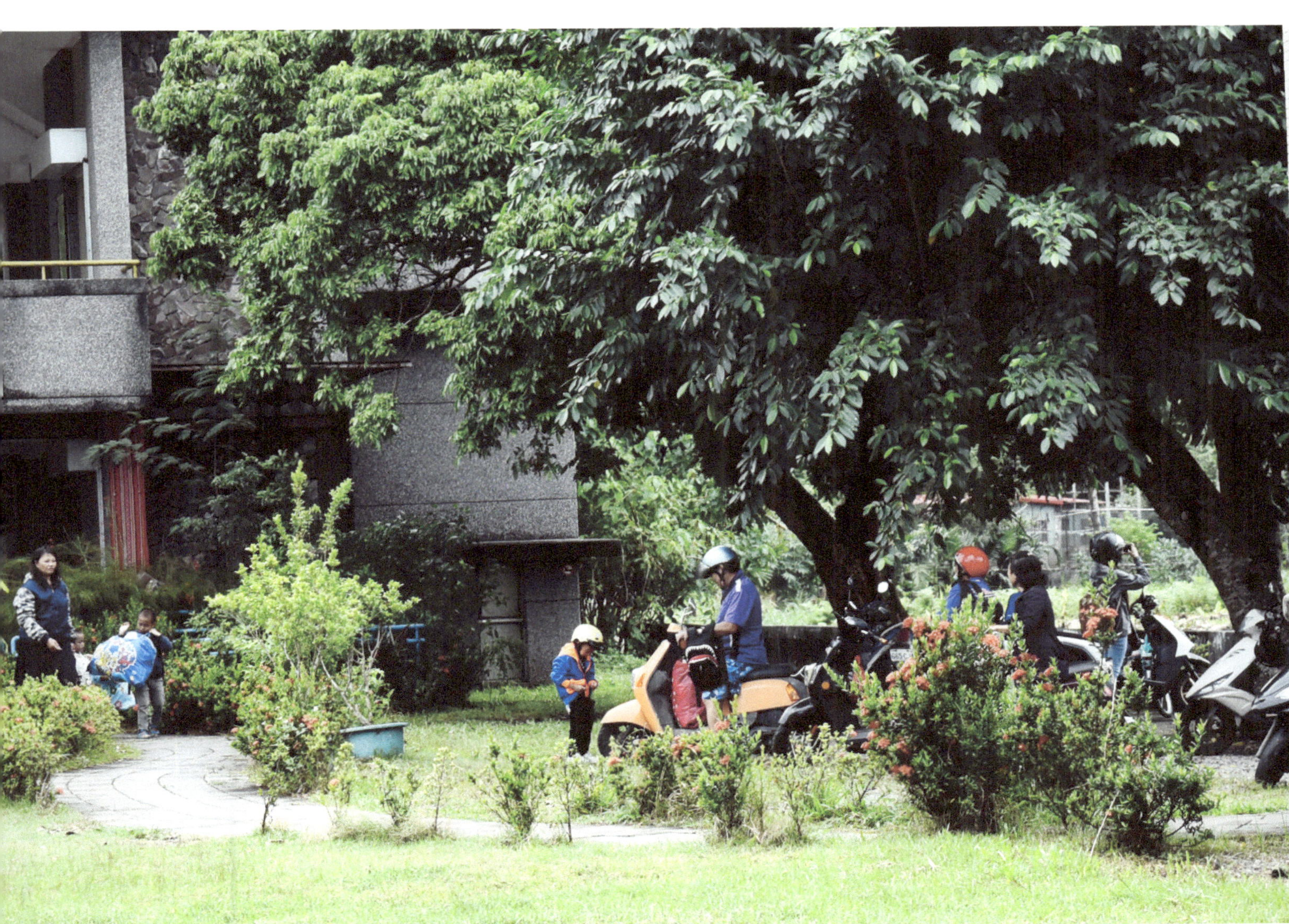

　　學校師長將基本的人智與學識導入，
引領孩童從灑掃中學習與環境和諧共處、
從人際相處中學習應對進退，校園生活潛
移默化的扎根，就是教育最可貴的力量。

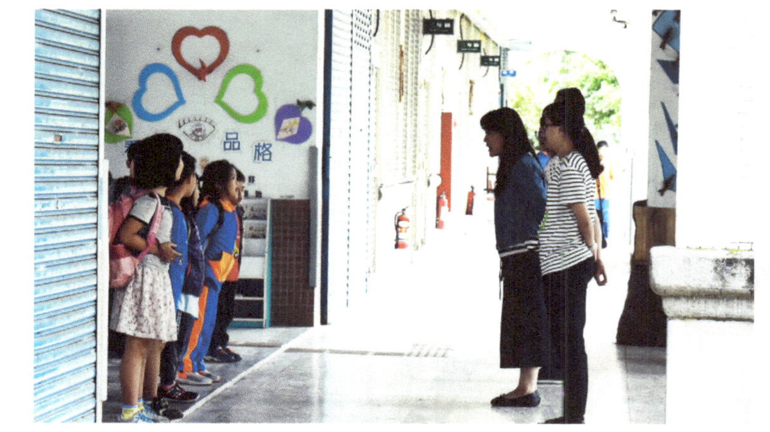

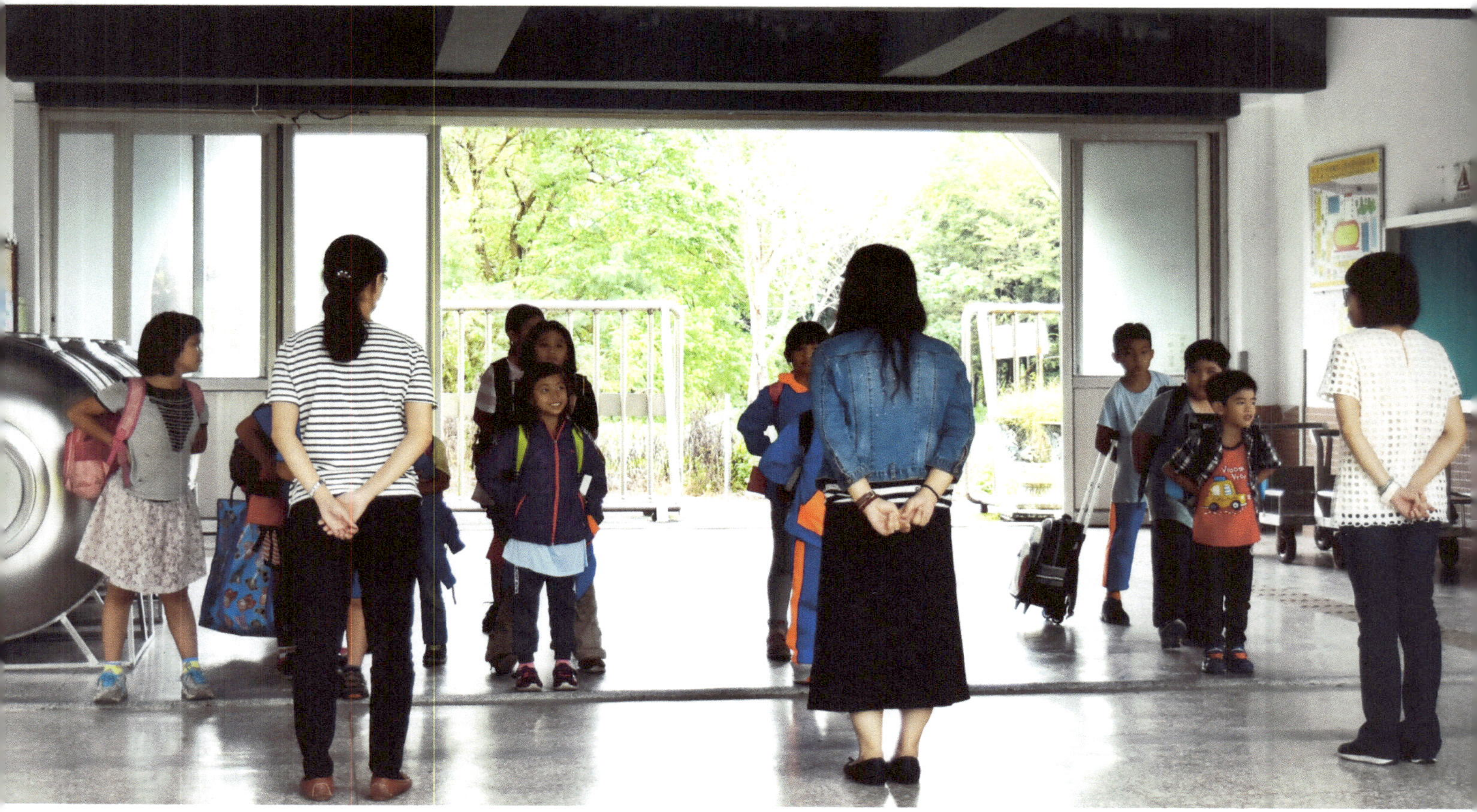

適才適性的多元化教育讓孩子愛上學

　　透過族語課程來學習母語，認識太魯閣族的文化；學習英語，則為建立與世界溝通的管道打好基礎；學習國語以便進入體制與社會；與老師和同學互動，可磨練說話的自信心和表達力，提升人際關係的溝通能力。

　　基礎電腦資訊學習，透過正確的網路使用與資訊搜尋，偏鄉也可以從世界擷取任何資源，與國際零時差；透過每週 Line 族語的親子互動，以培養良好的傾聽意願，提升自我的聽力。

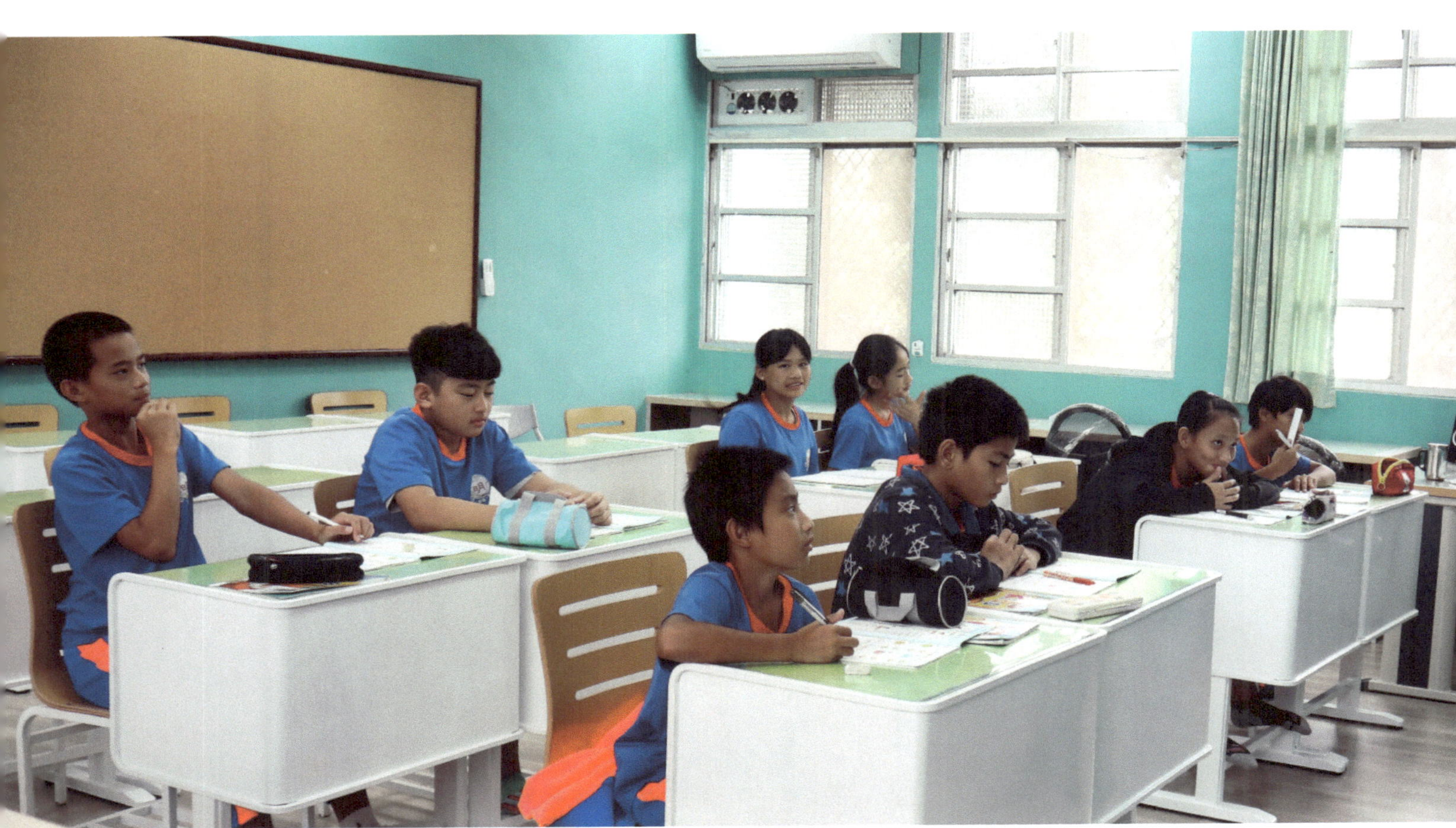

　　偏鄉小學最大的優勢就是孩子少，每一個學生都可以受到充分的關照，適才適性發揮個人的特質與天賦。

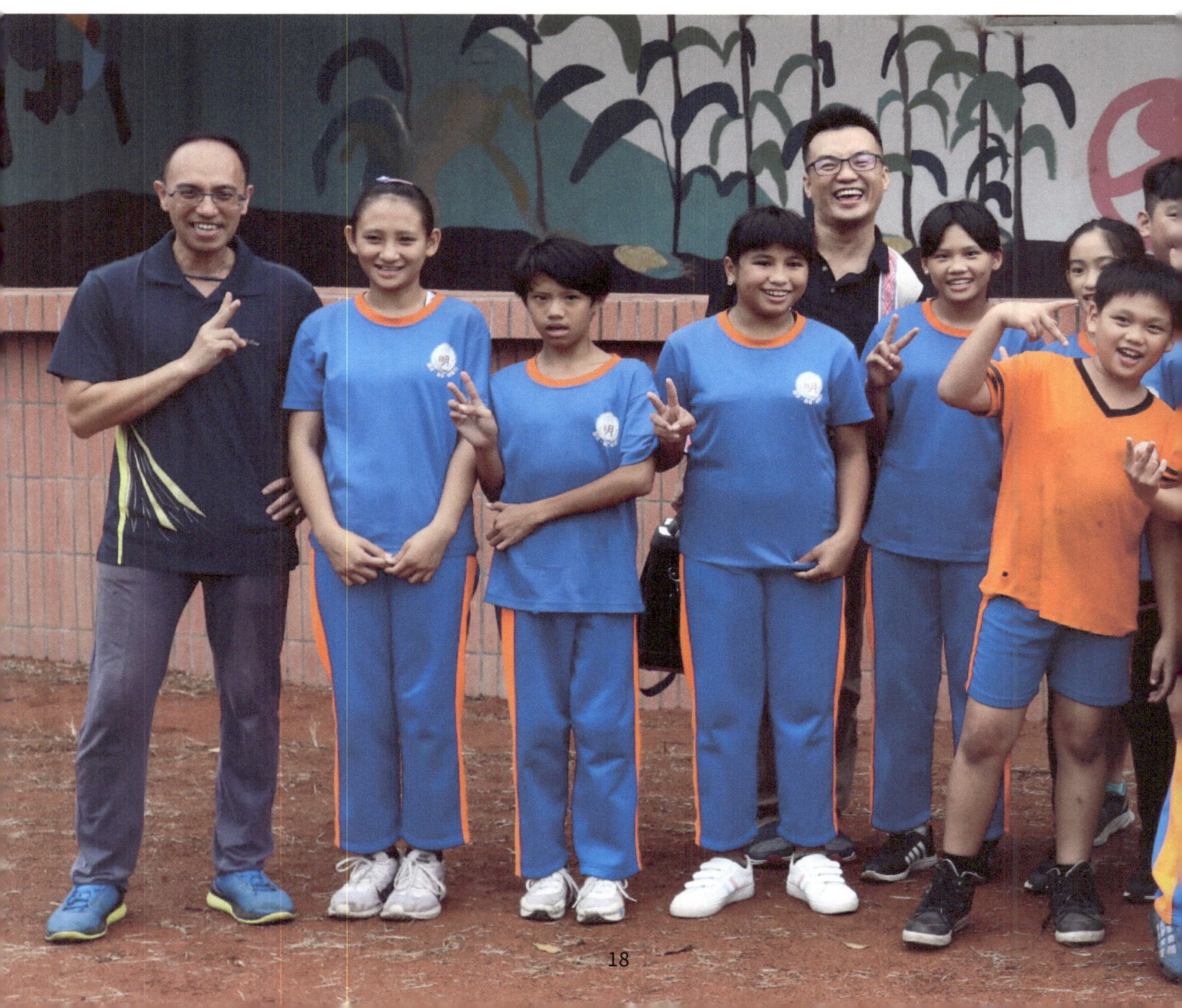

　　明利國小的師長更是以培育學生自立、自信為目標，希望孩子在明利的每一天都能快樂學習、成長茁壯。

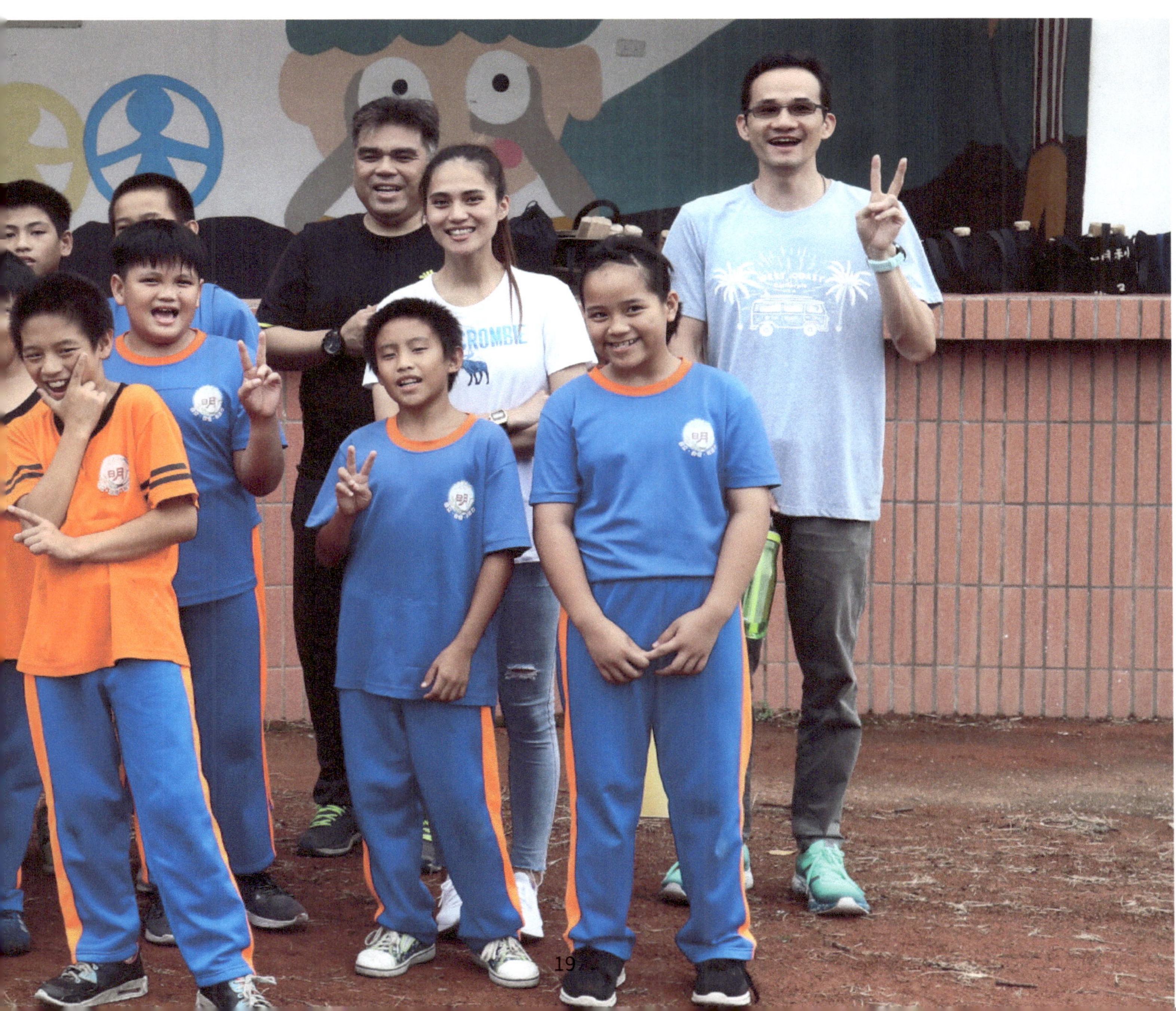

連結社區資源，活化在地共學

　　善用校內空閒教室作為社區多功能學習中心，除了能活化校園空間外，更活絡社區與學校使用範疇。明利國小常積極邀請社區內學有專精的講師，開設適合居民與師生共學的多元課程，如帶領祖父母玩桌遊，便可從漾開的笑臉中看到老人家的滿足及學生的成就感，體現服務學習和親子共學的真諦。

　　同時，學校會邀請社區的耆老分享太魯閣族的文化發展，與他們的人生故事，透過口述歷史，讓族人更熟悉太魯閣族文化；也邀請在地素人藝術家或長輩，教授族人傳統的編織及飲食等文化技藝，讓孩子們認識社區與在地文化。

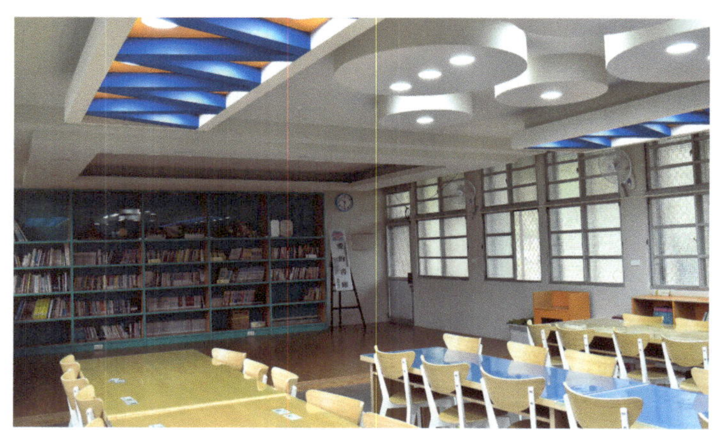
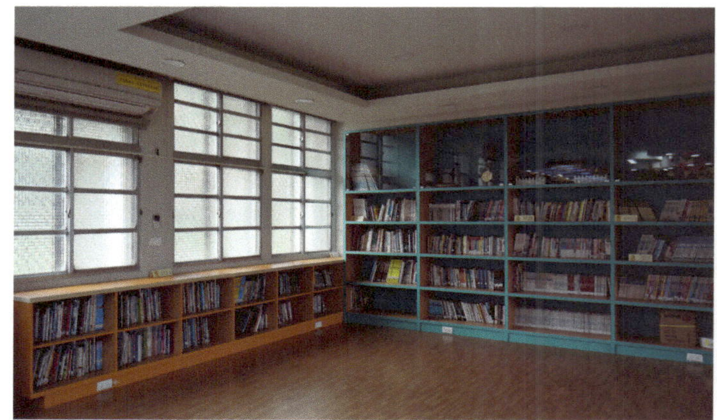
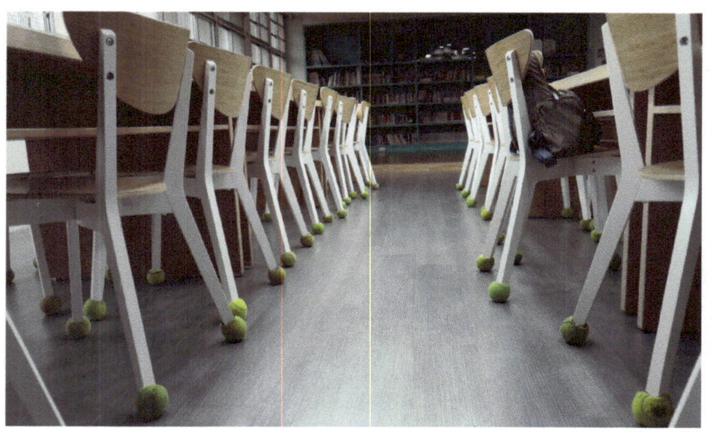
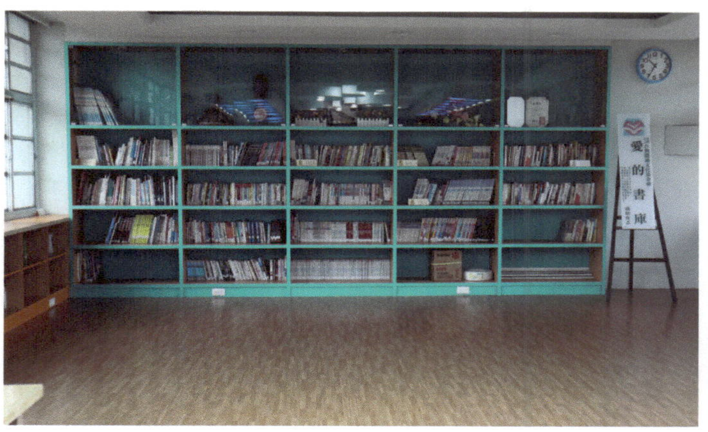

充滿智慧的狩獵與編織文化

此外，「狩獵」與「織布」是太魯閣族人最重要的傳統技能之一，原住民的狩獵過程是一種經驗與文化的傳承，太魯閣族男孩大約在 15 歲開始，就必須跟隨父兄上山打獵，不僅要學會野外求生，登山技術和體力更要高人一等。在狩獵的過程中，不僅學到獵捕動物的技巧、各種動物的活動習性、觀察路徑、辨別毒蛇、野生植物的利用等自然生態知識，也學會方位辨識、渡河、砍材取火等山野生存之道。

為了不讓部族傳統文化與價值在時代的洪流中消失，學校也將授獵、編織、舞蹈與音樂，寓教於樂地融入學程中。學校規劃所有課程皆以「德、智、體、群、美」五育均衡發展為主要目標。

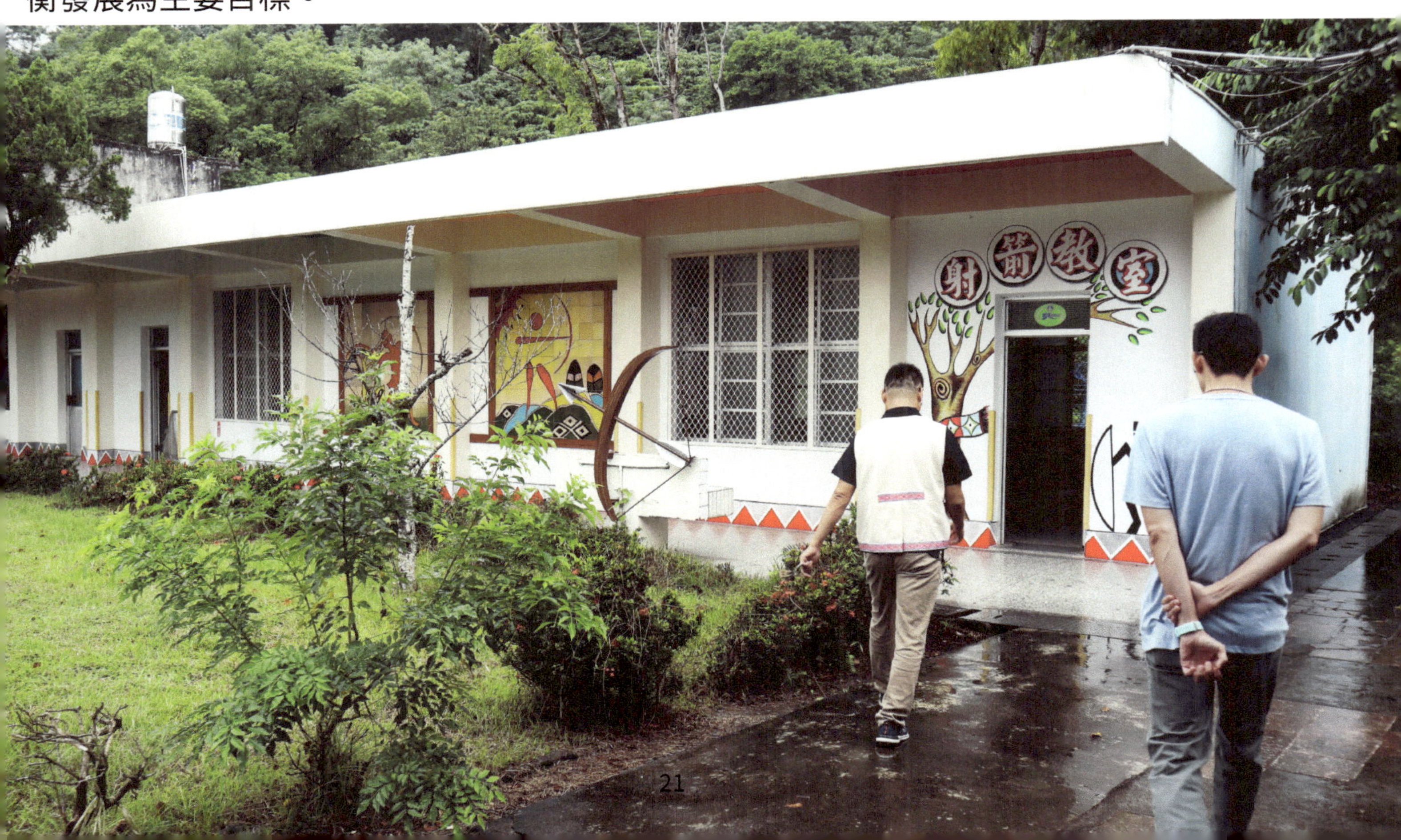

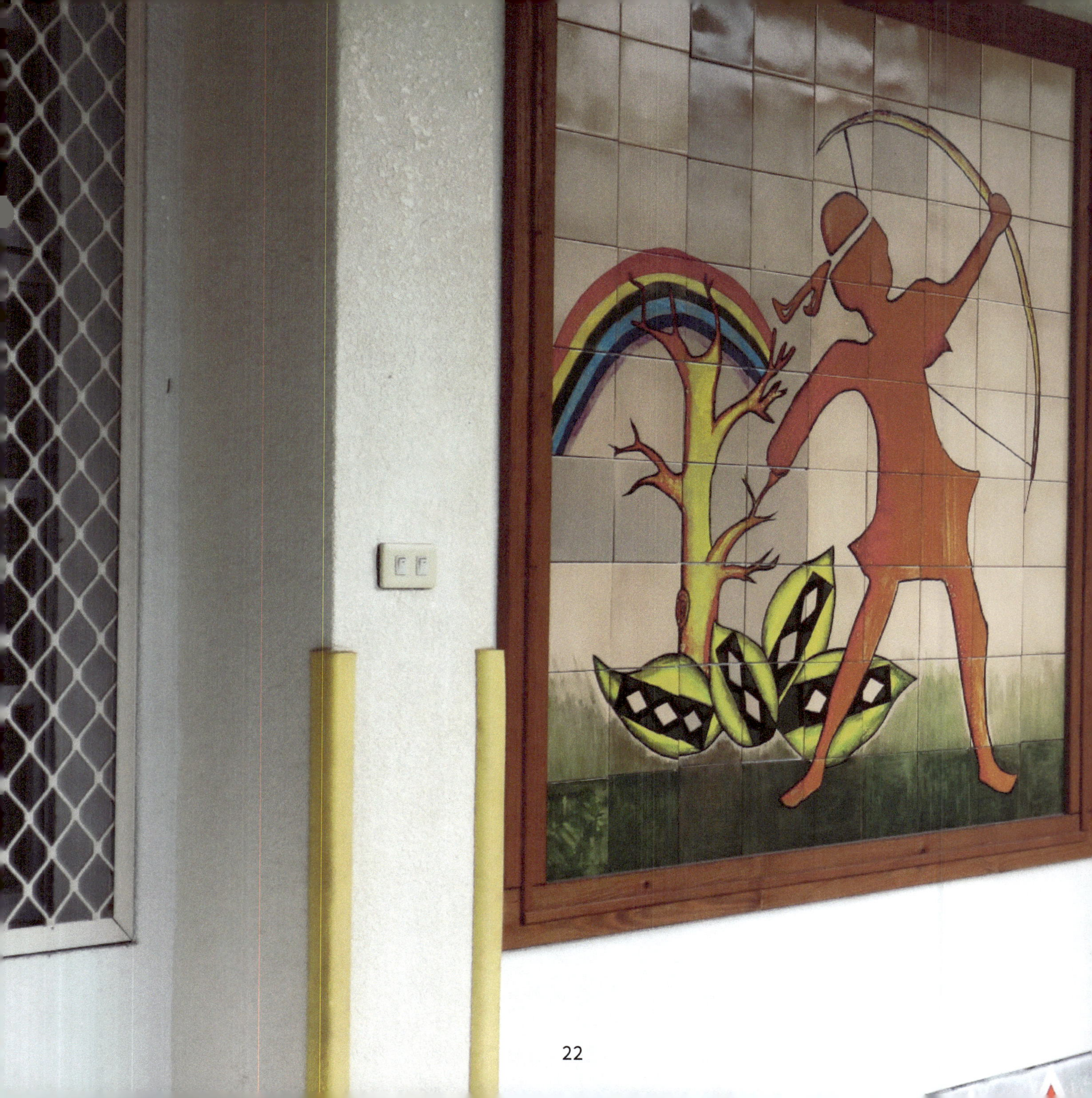

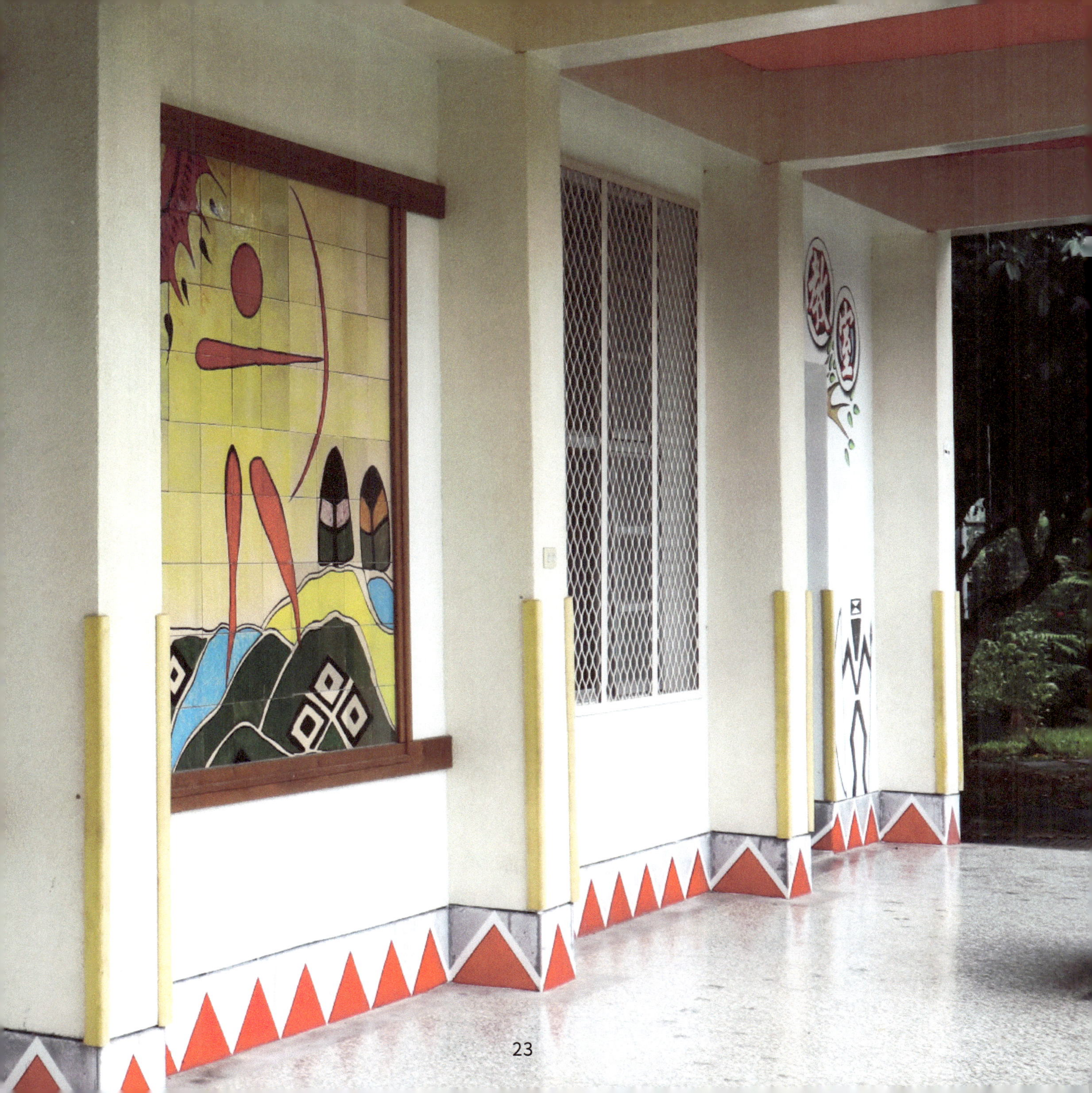

　　學生們的射箭教室，內有完備的射箭器材、動物靶架、傳統射箭意象陶版圖，在教室外有彩虹走廊、動物足跡、洗手台弓架靶等琳瑯滿目，透過老師的解說，我們發現不論是教室或者課程活動都是非常具有教育與文化意義。

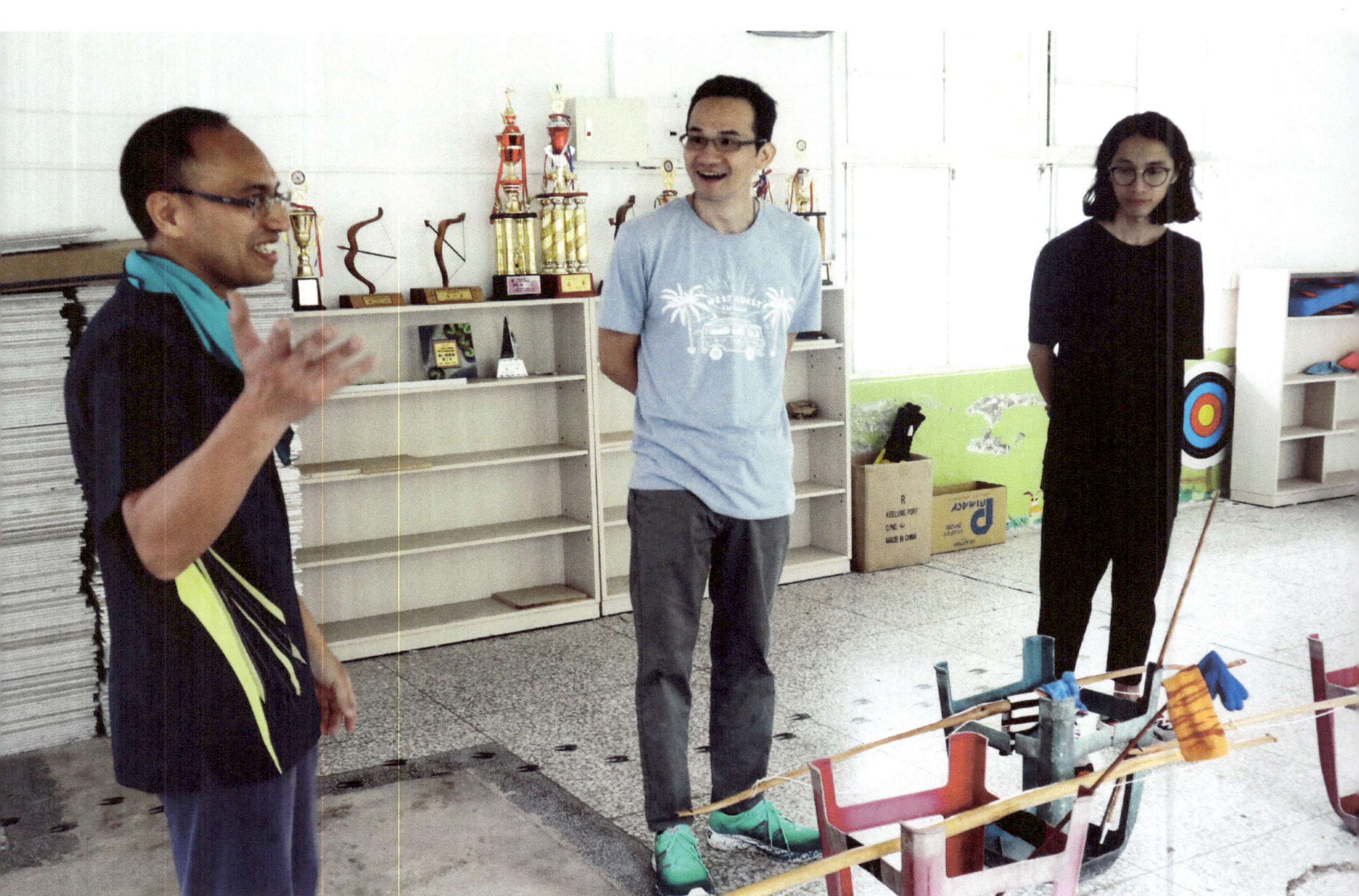

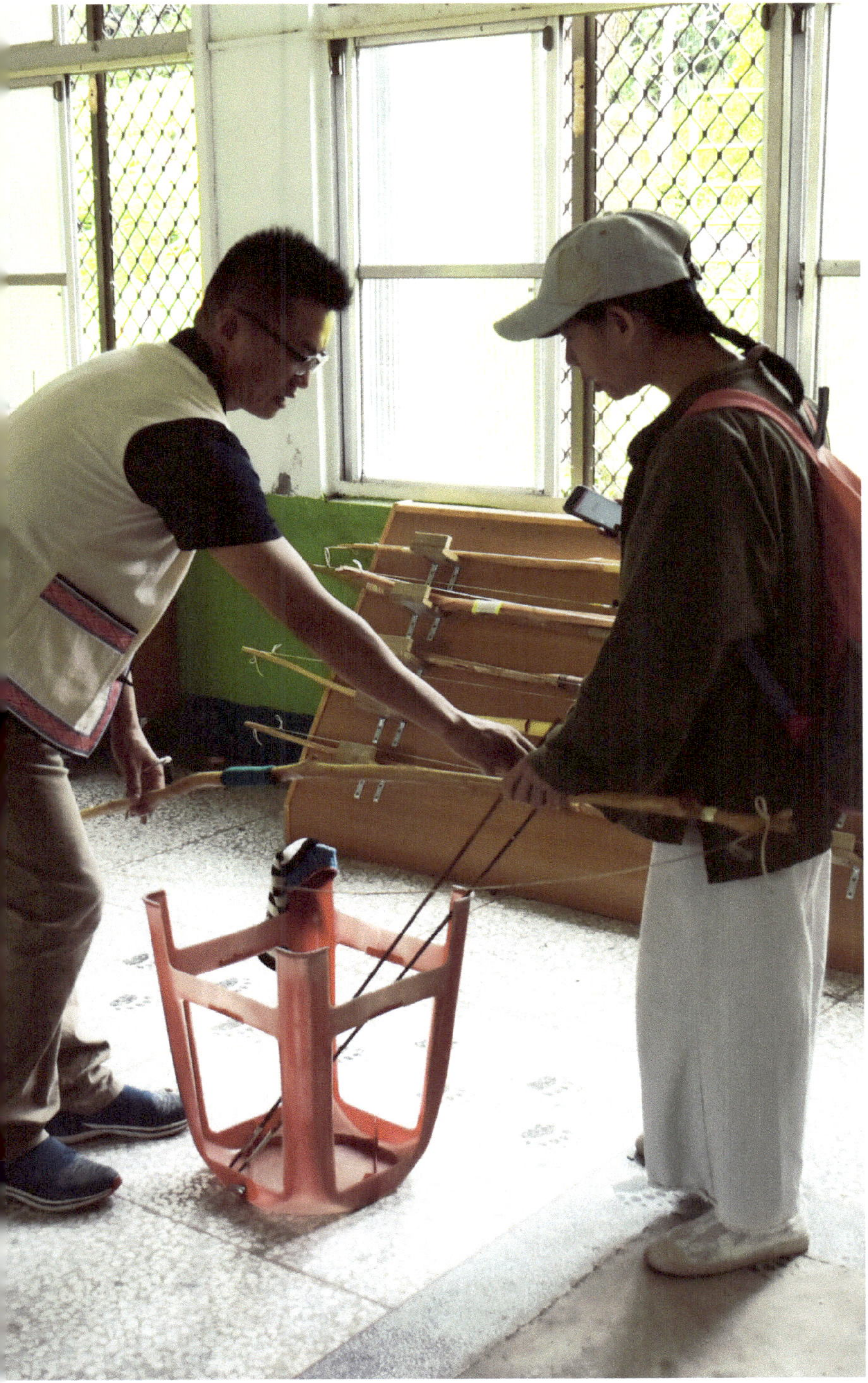

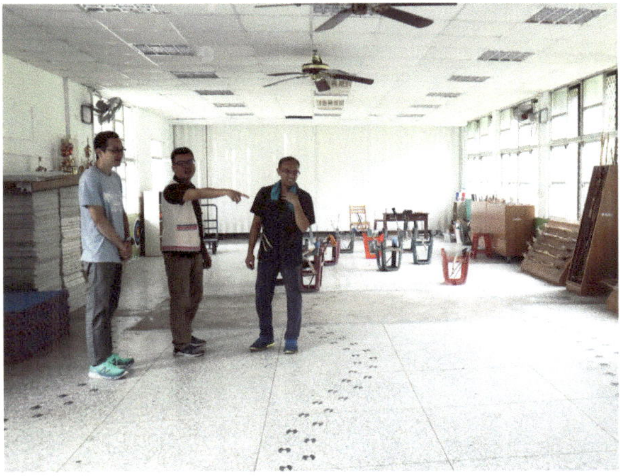

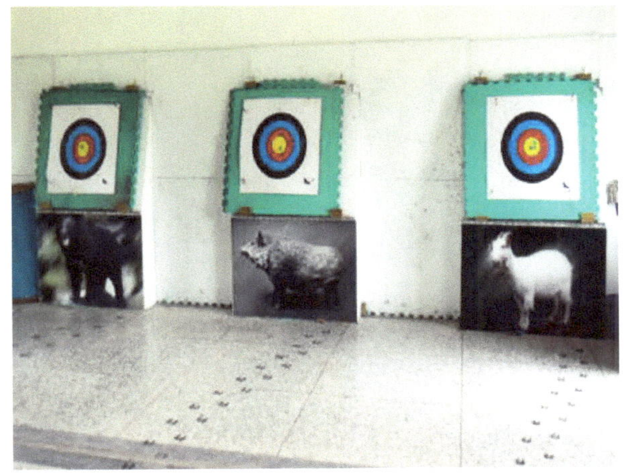

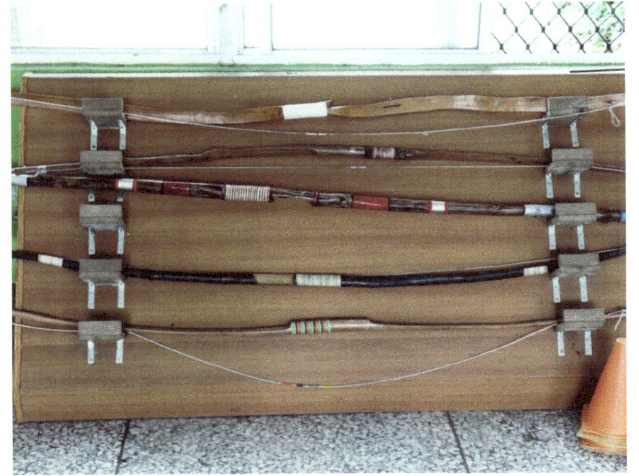

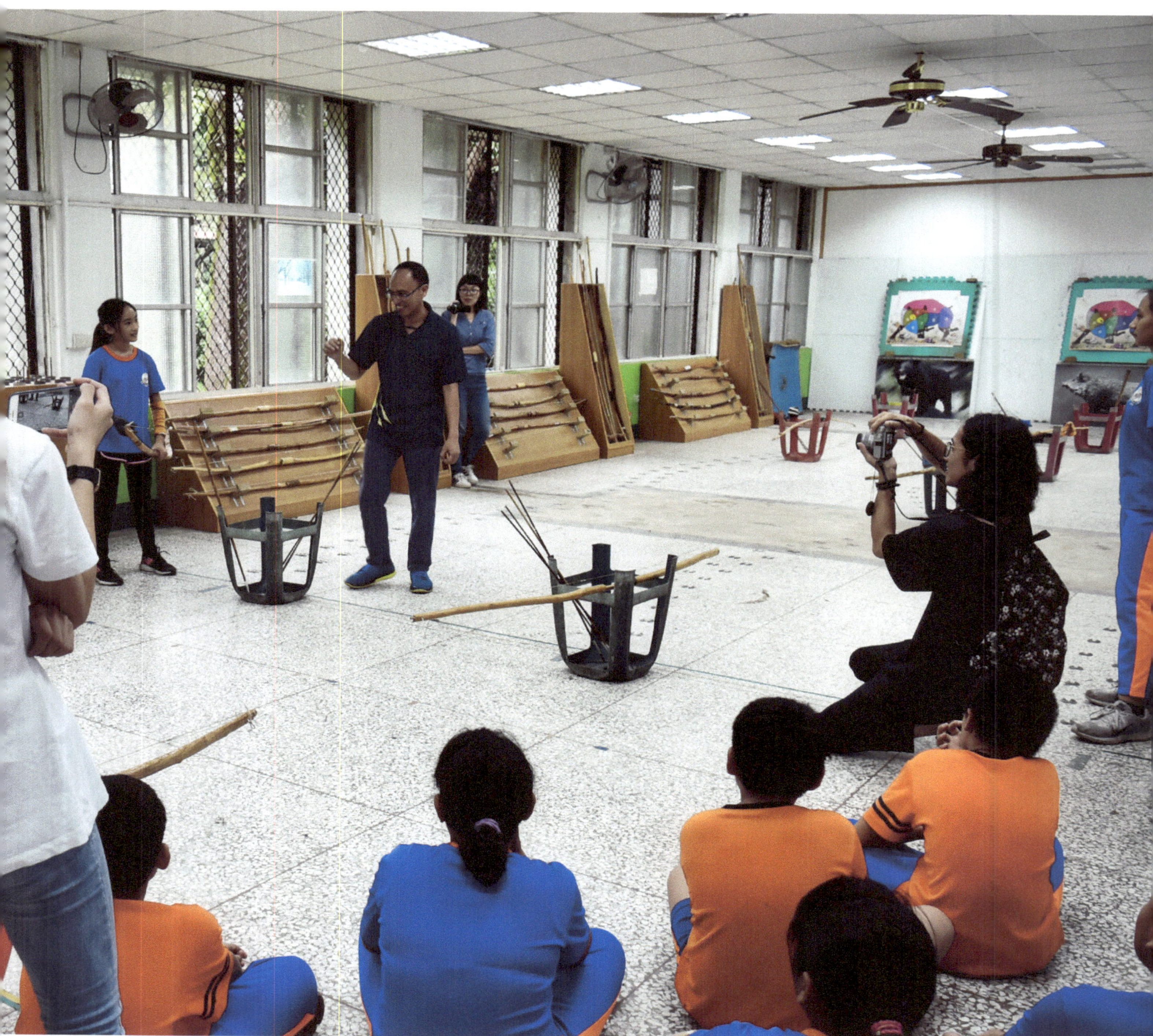

射箭

　　在老師的指導下，學生們從弓箭的製作到射箭技巧都要學習：站好射箭姿勢，食指與中指之間做搭箭姿，用力拉弦，單眼瞄準，屏氣凝神，接續俐落放箭。

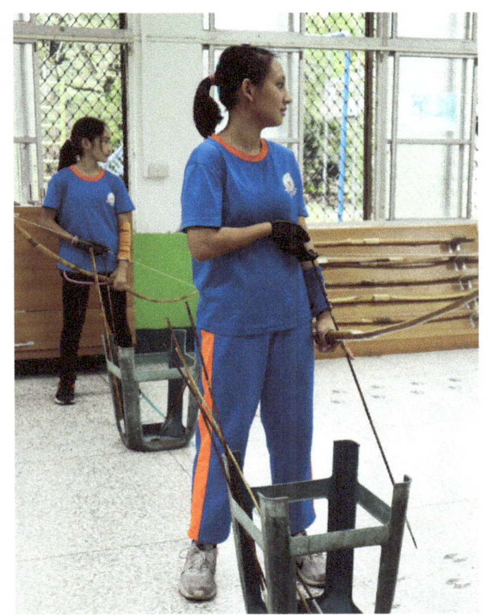

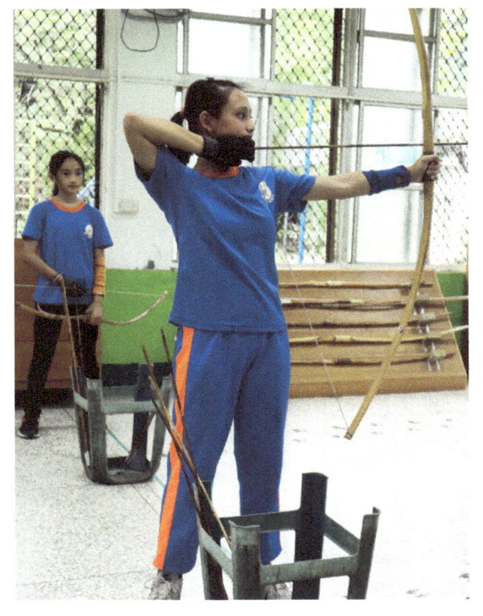

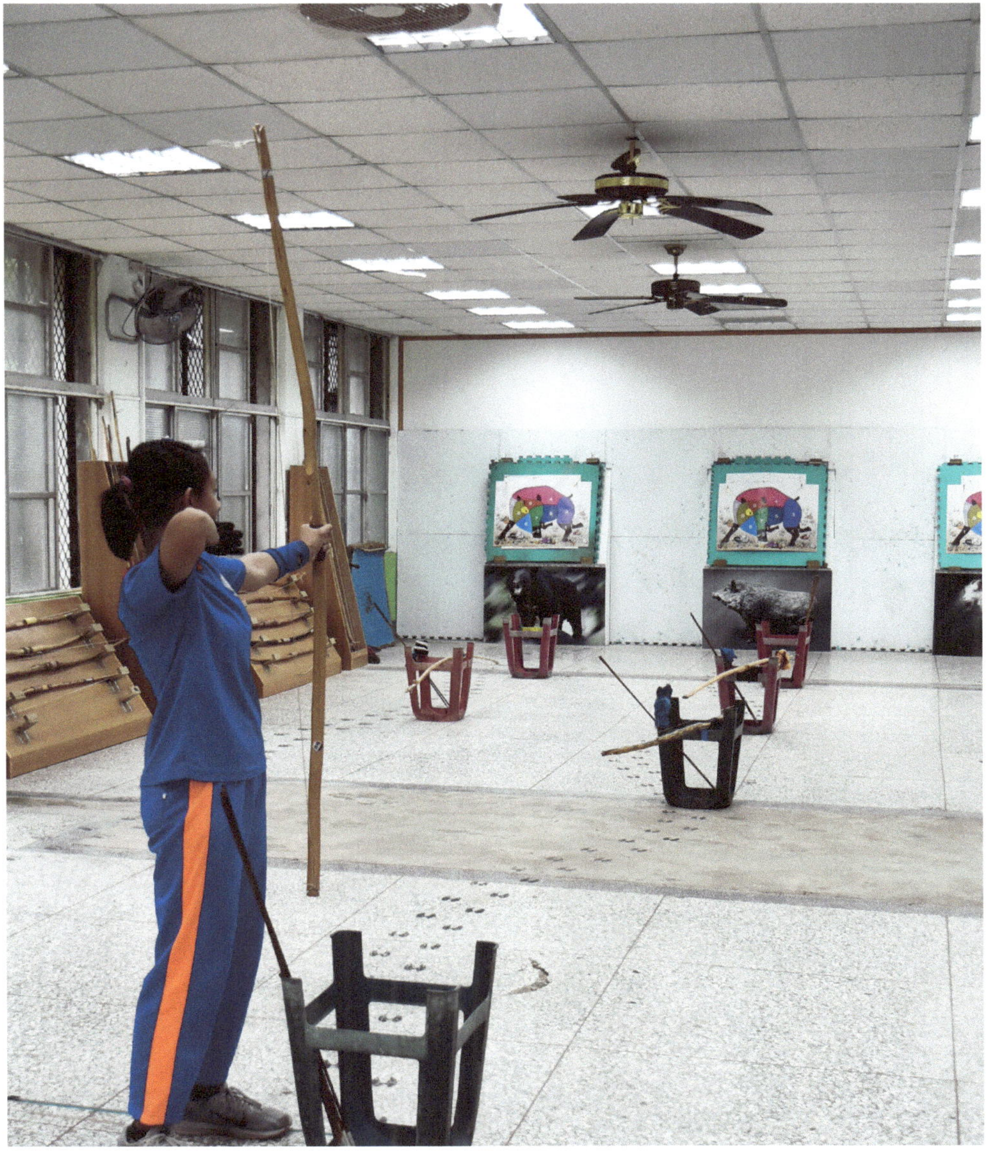

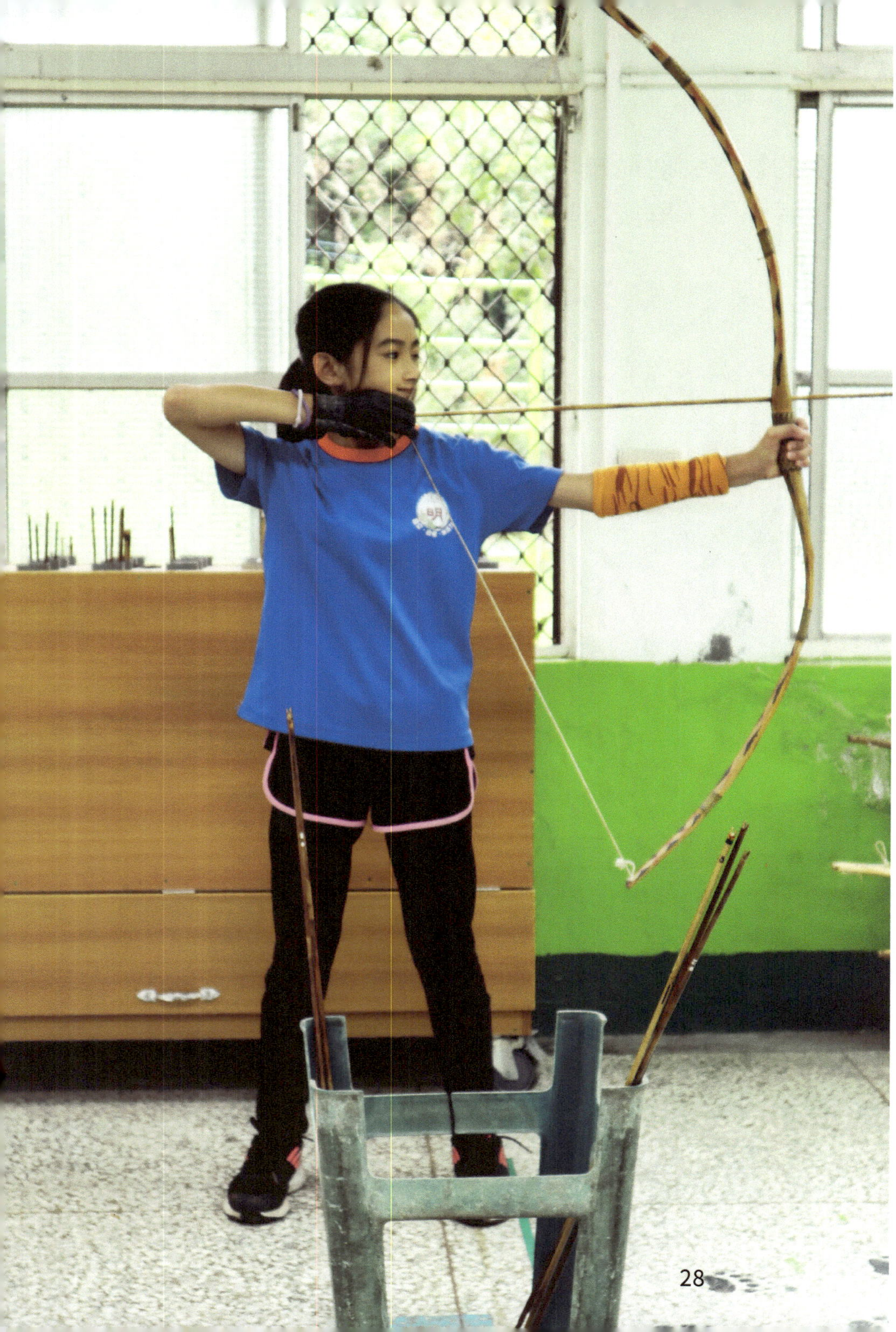

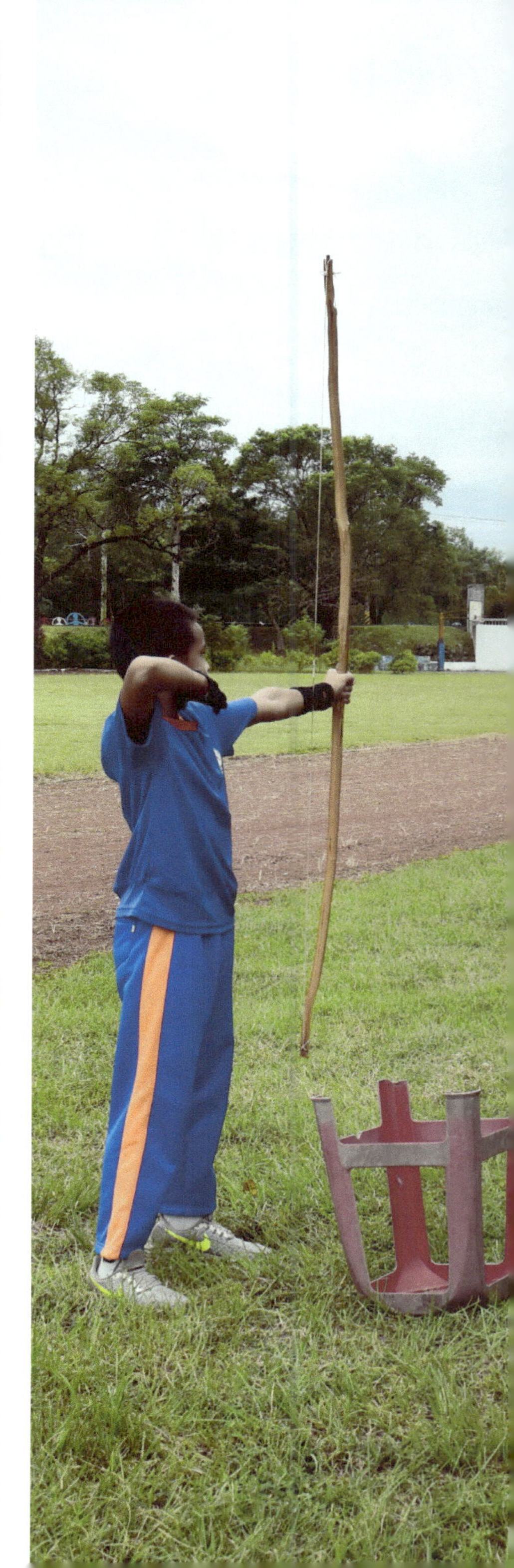

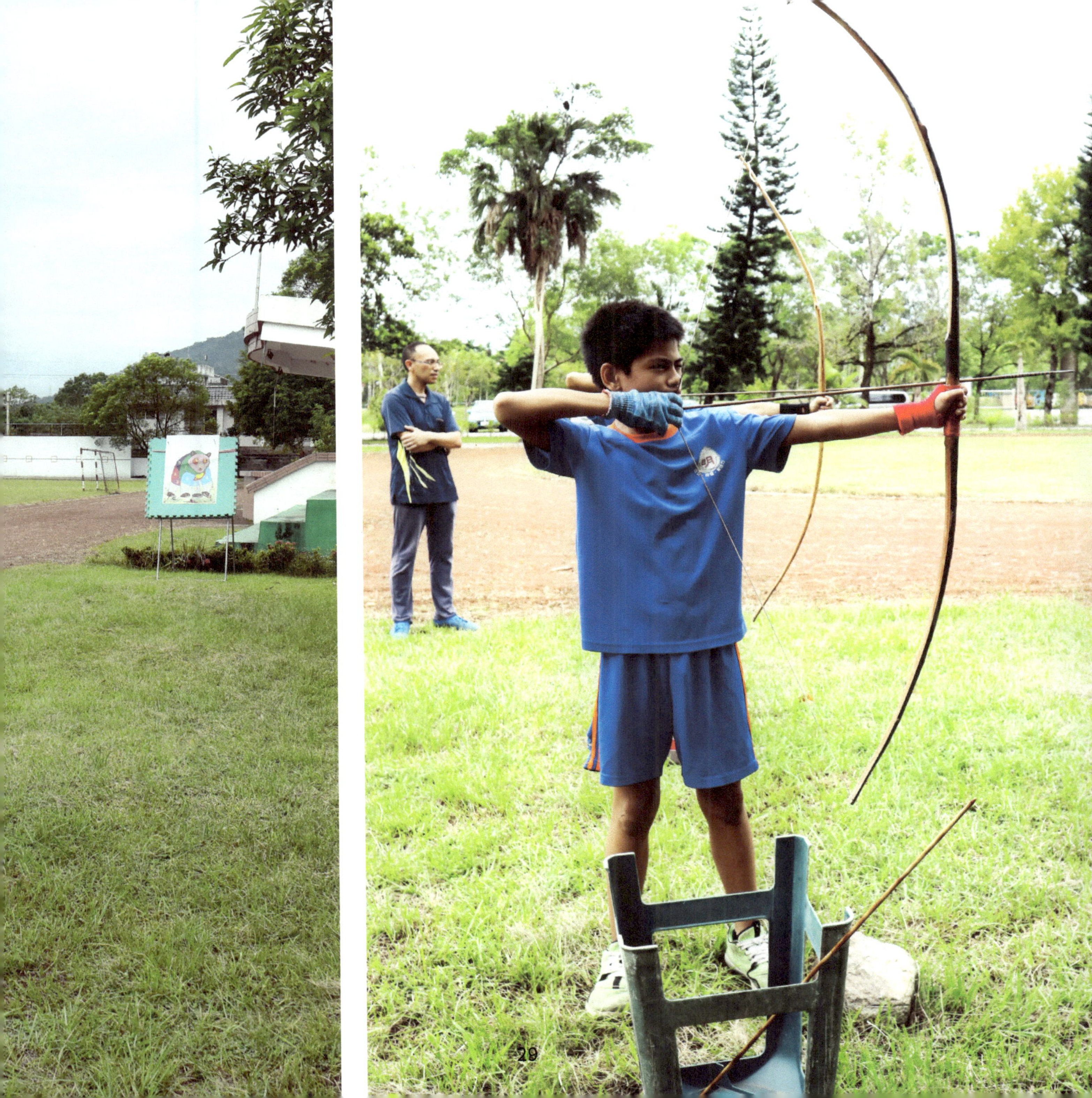

編織

　　編織是太魯閣族女性最引以為傲的手工藝，透過編織的過程中，重建孩子們的色彩與美學視野，還能將部落的傳統文化蘊涵在一條織帶與不同的織法、圖騰之中。深怕在現代化、工業化的潮流中消失，漸漸遭人遺忘。明利國小也努力將這難得的技藝教給下一代，特別與原住民編織專家規畫「編織課」，希望藉此將原住民傳統的織布藝術與美麗的織錦傳揚至全世界。

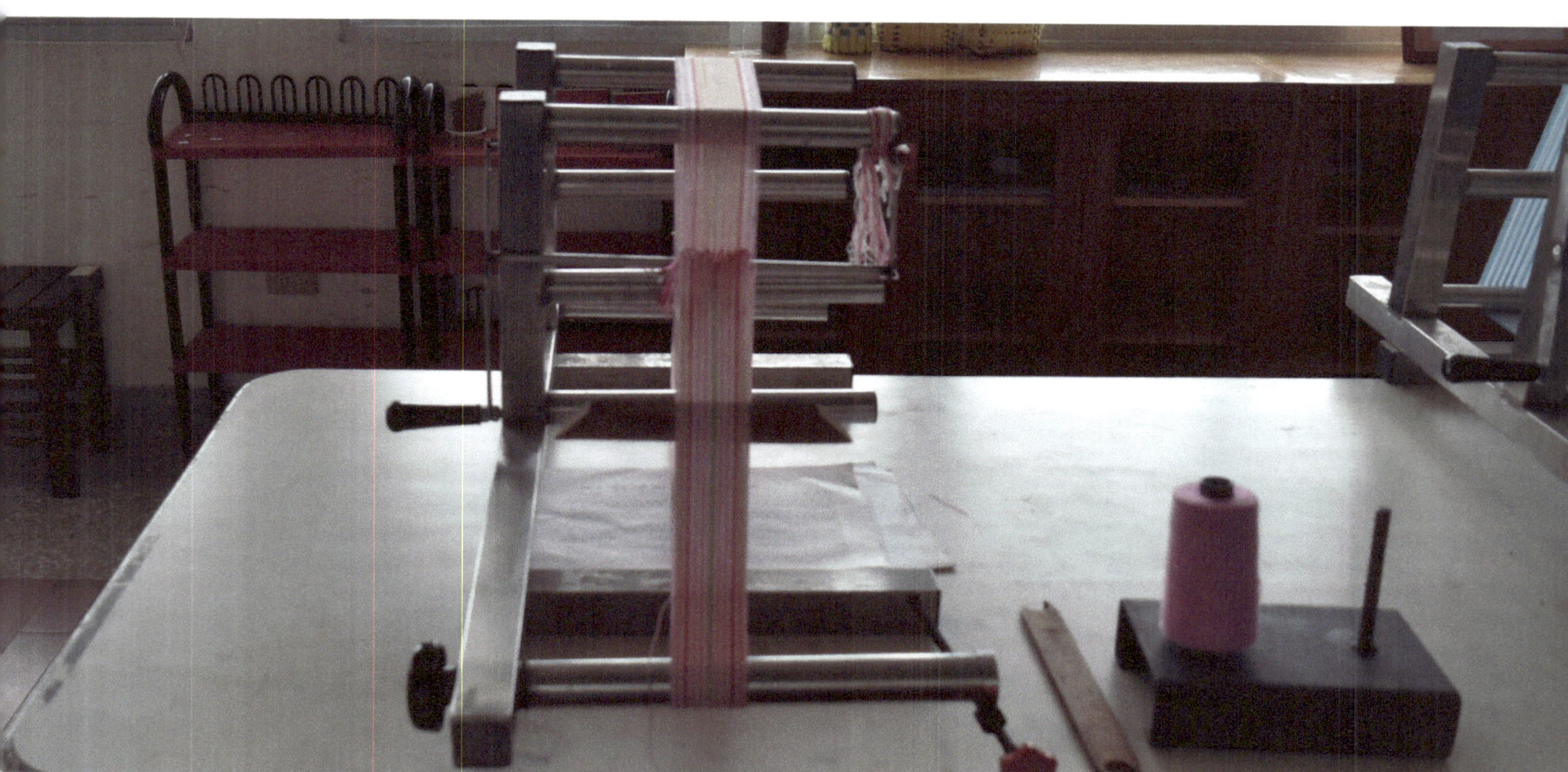

傳統太魯閣族女孩在 12-16 歲成年後，就須接受祖母或母親的教導開始學織布，成為真正的太魯閣族織娘，也就有資格做為人妻。會織布，是賢慧與才德的表徵，而家中的衣物也都出於女子的手藝。

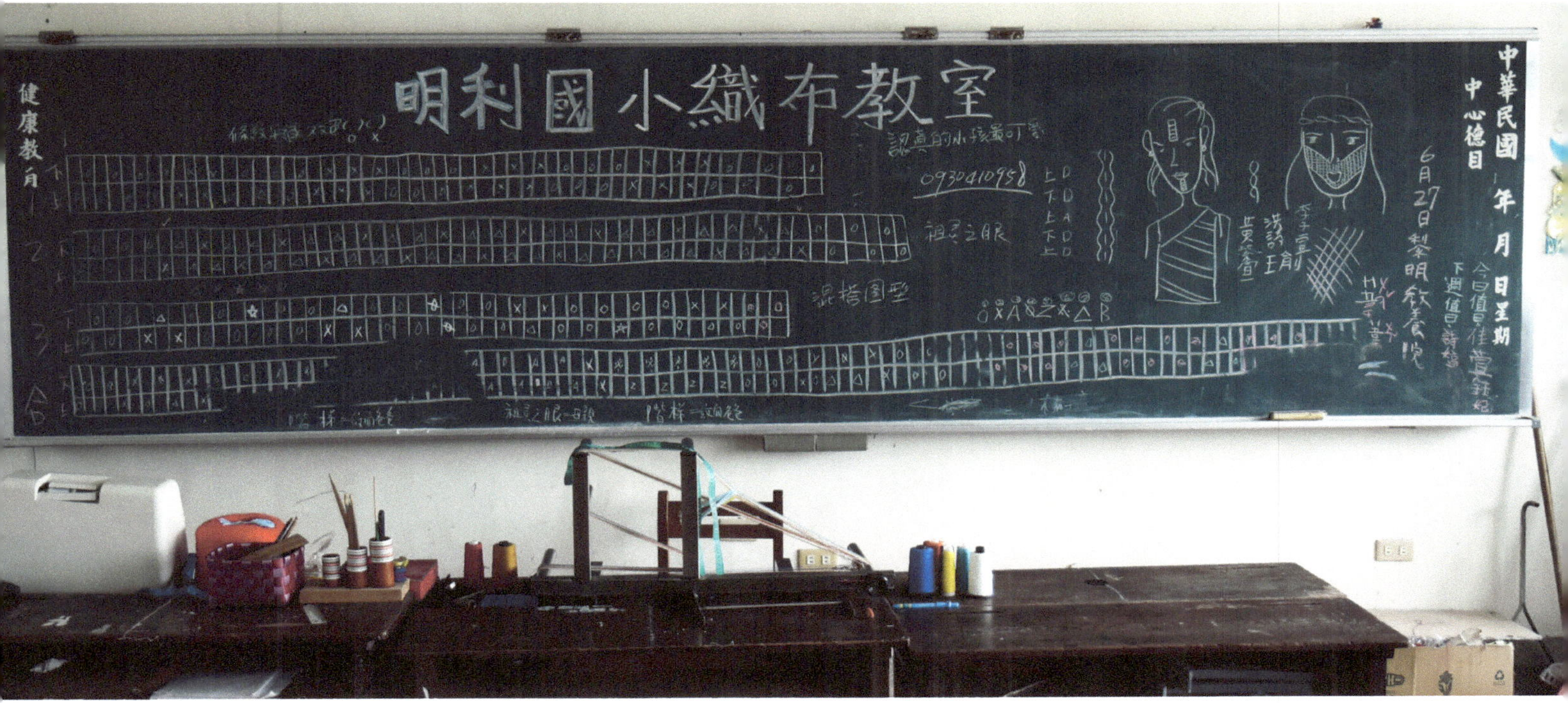

　　原住民族的傳統文化別具意義，每個圖騰、祭典背後都蘊藏著特別的傳說與故事。每個祭典都是對天地、對祖靈的感謝；每個圖騰都代表著太魯閣族的文化傳承，是意義深重的印記。

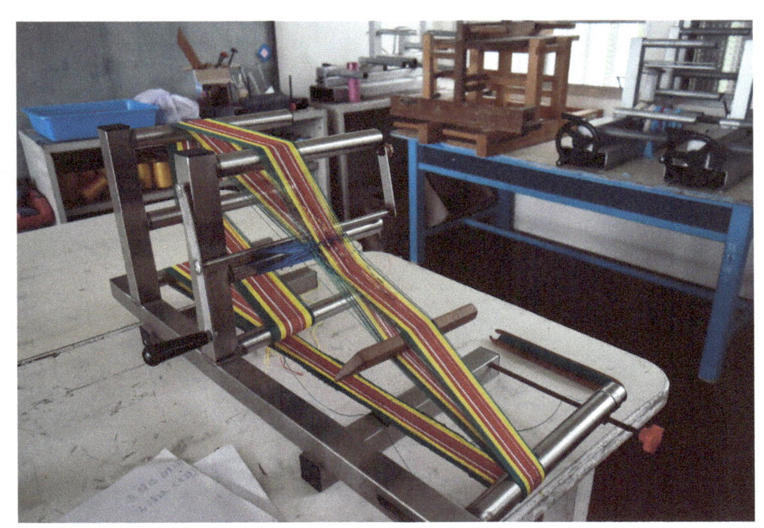

　　太魯閣族人相信，死後必須經過彩虹橋，祖靈才得以相迎；靈魂則會在彩虹橋上化作眼睛，守護族人。所以，太魯閣族人常以象徵彩虹橋的「橫紋」，及象徵祖靈的眼睛的「菱形紋」，作為織布時的圖騰。

木琴

唱歌跳舞是原住民與生俱來的天性，學生利用大自然隨手取得的天然材料——竹子，學習製作傳統的古樂器——木琴，用敲打的方式將大山低沉而穩重的空靈之聲化成天籟。

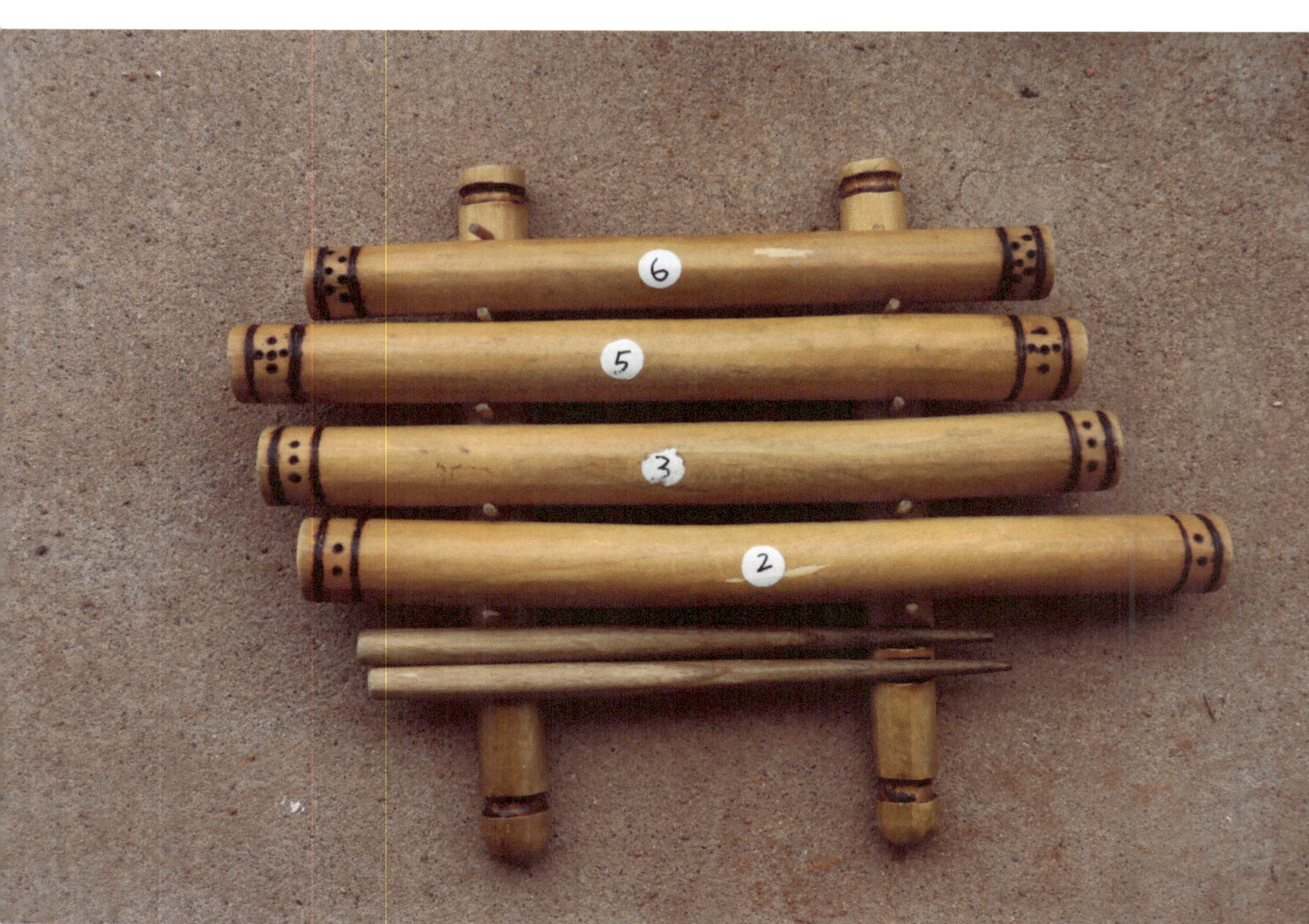

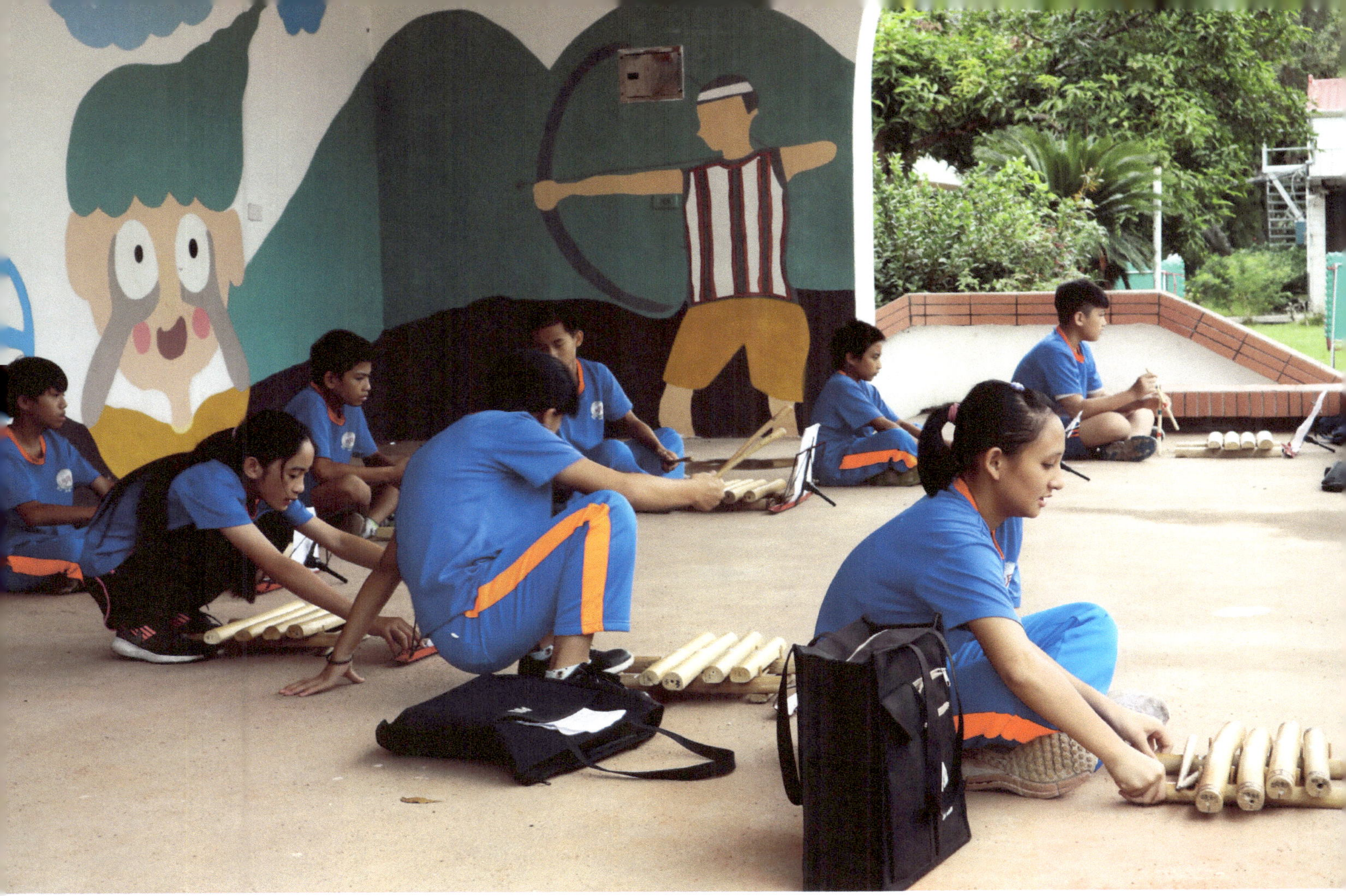

当我們來到了操場司令台，這群可愛的孩子們早就準備就緒，蓄勢待發他們的精彩木琴表演。

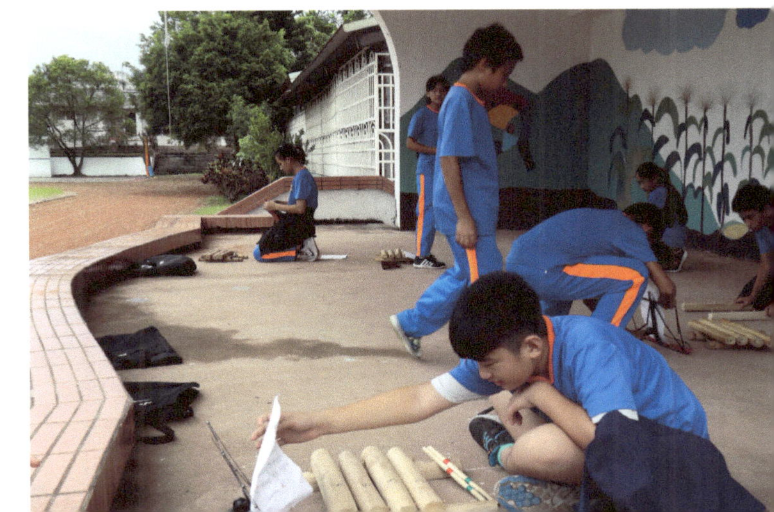

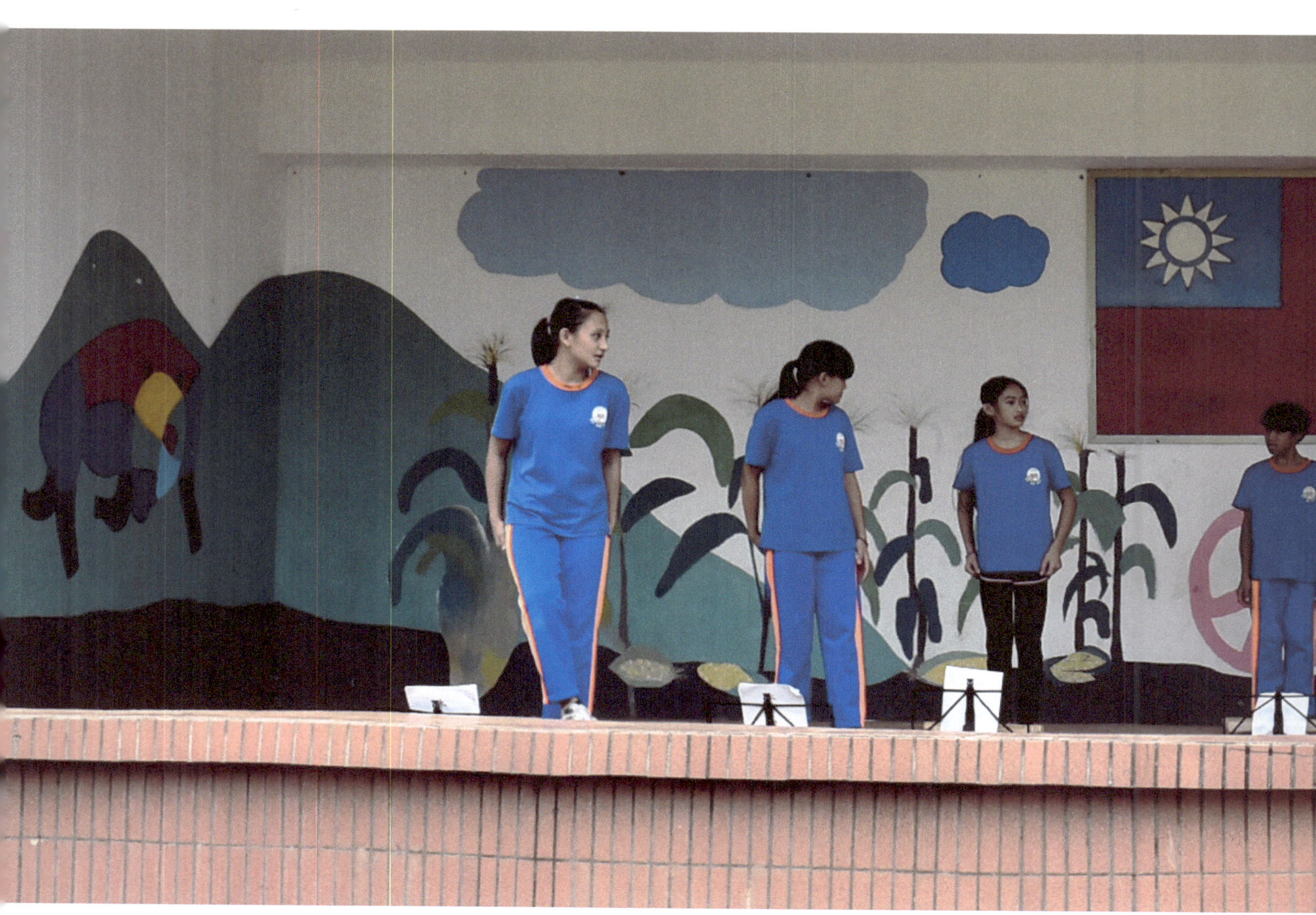

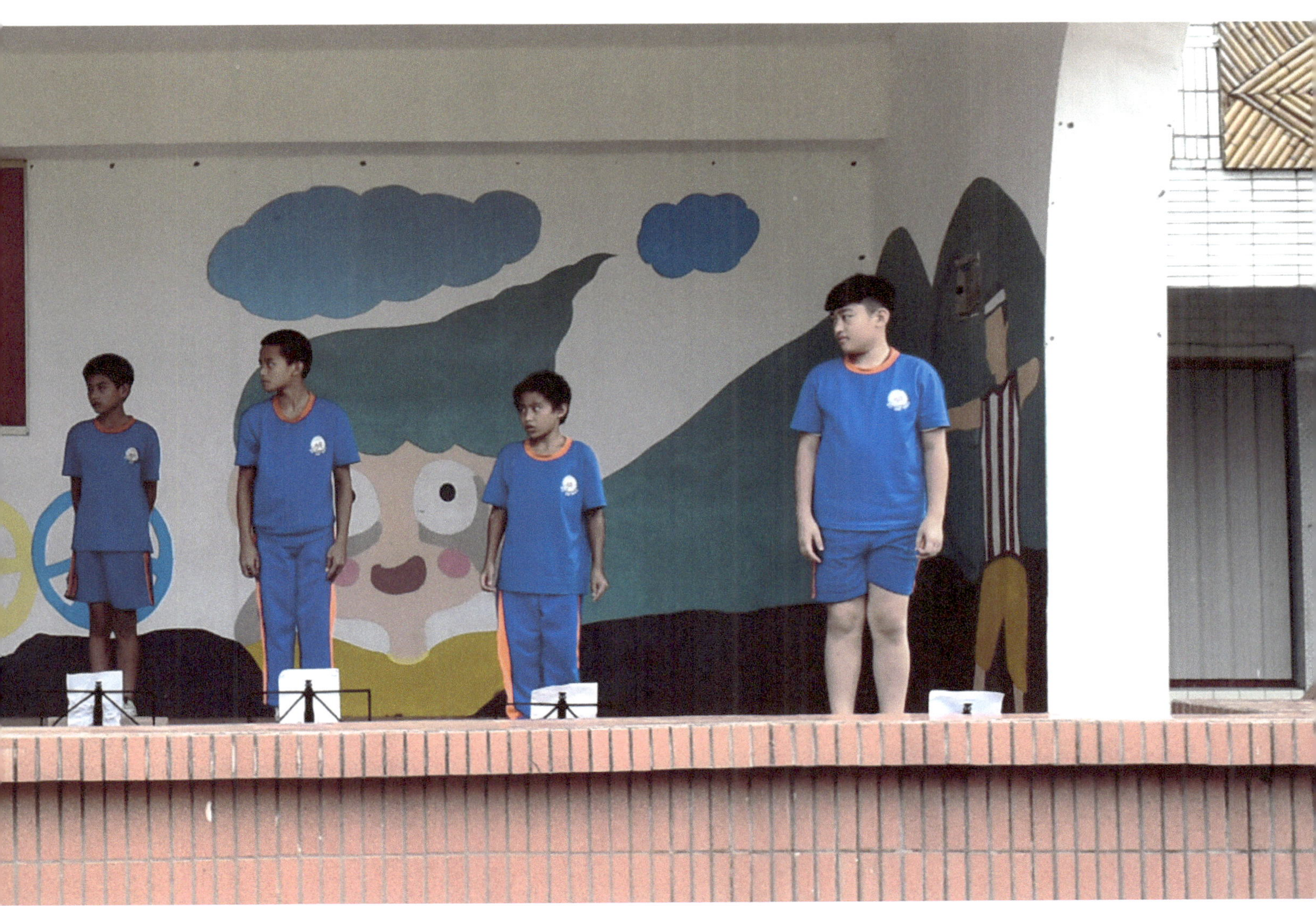

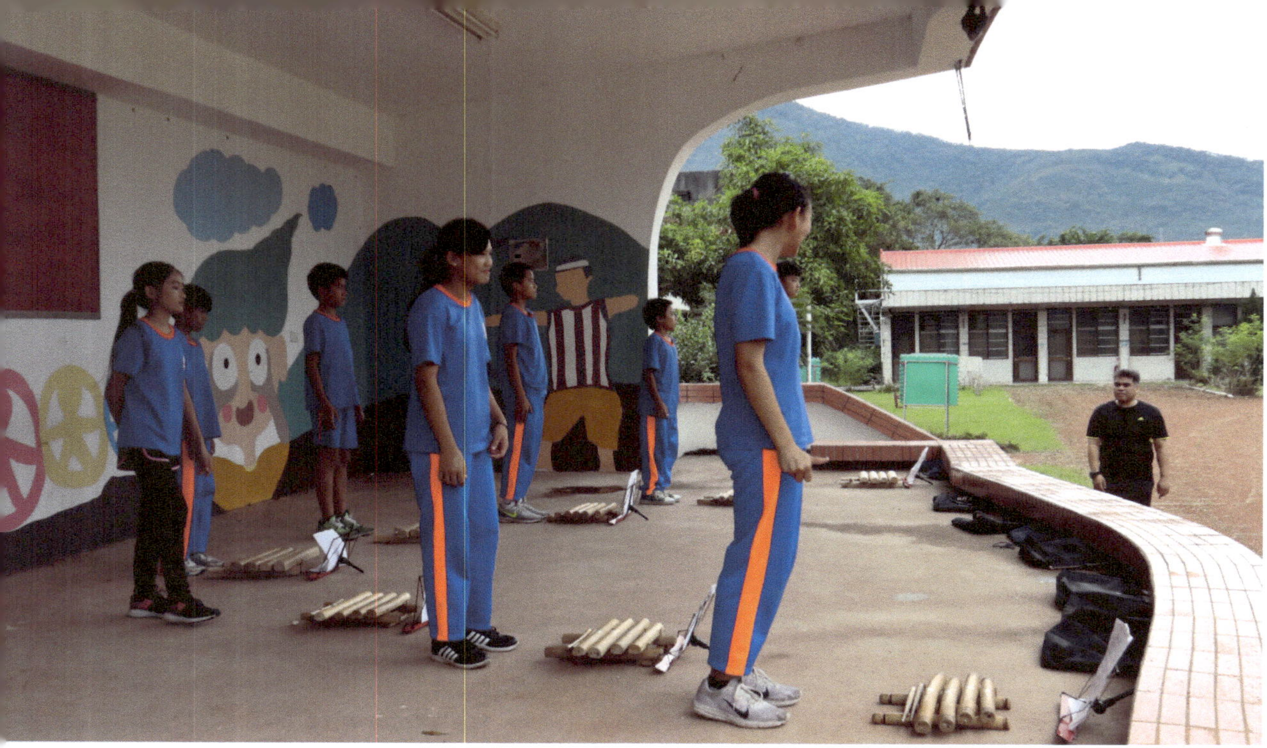

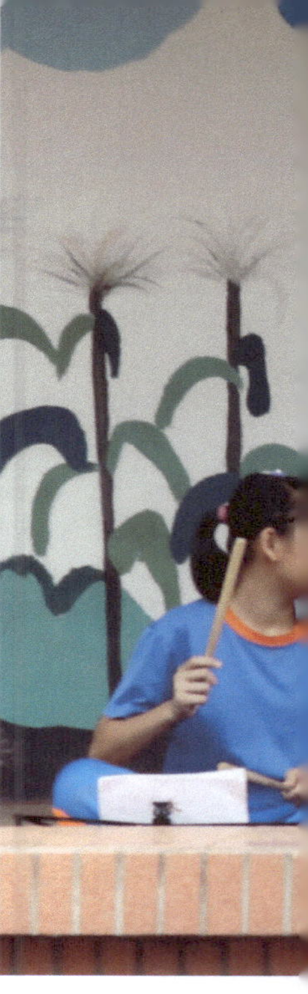

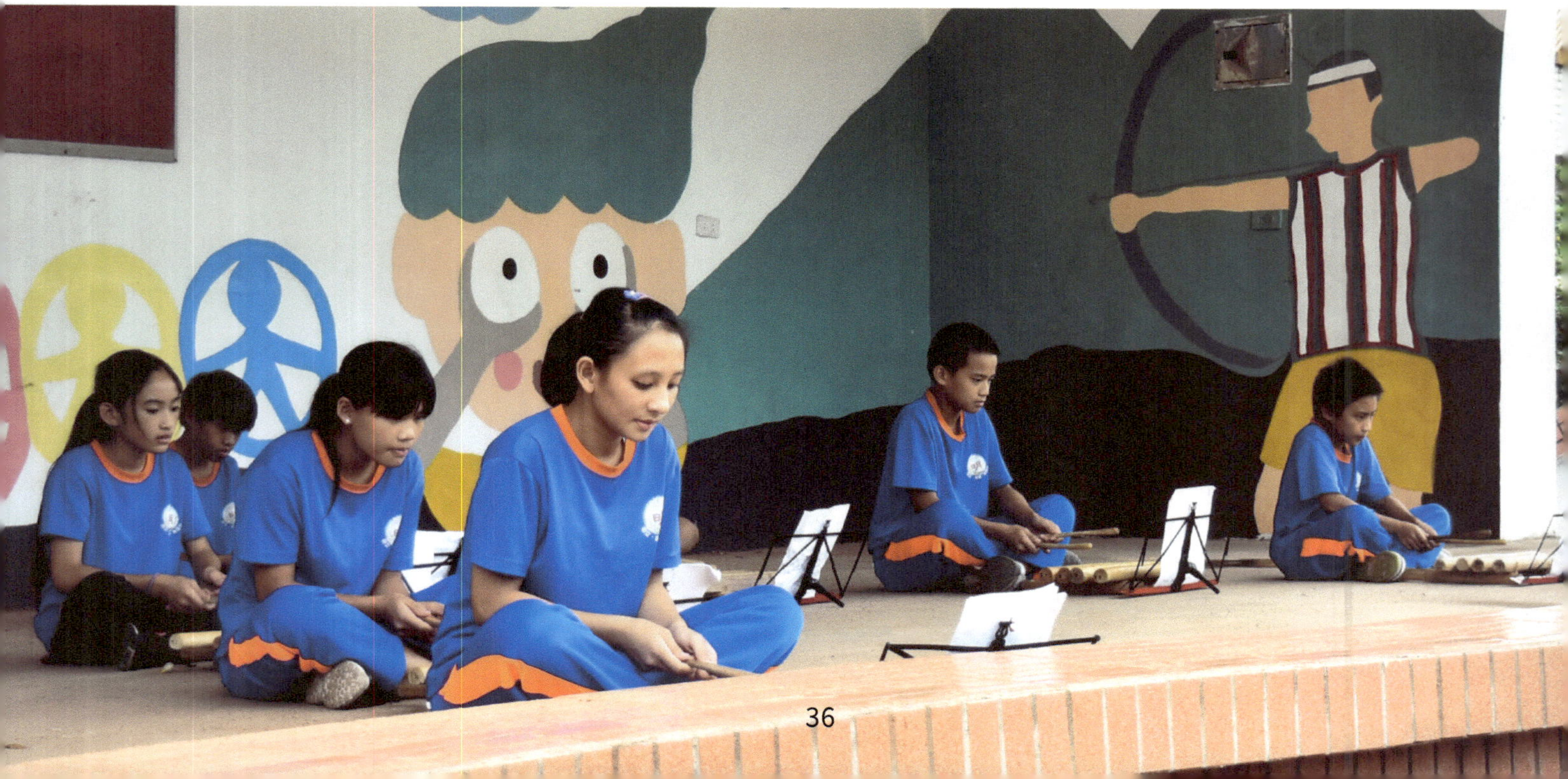

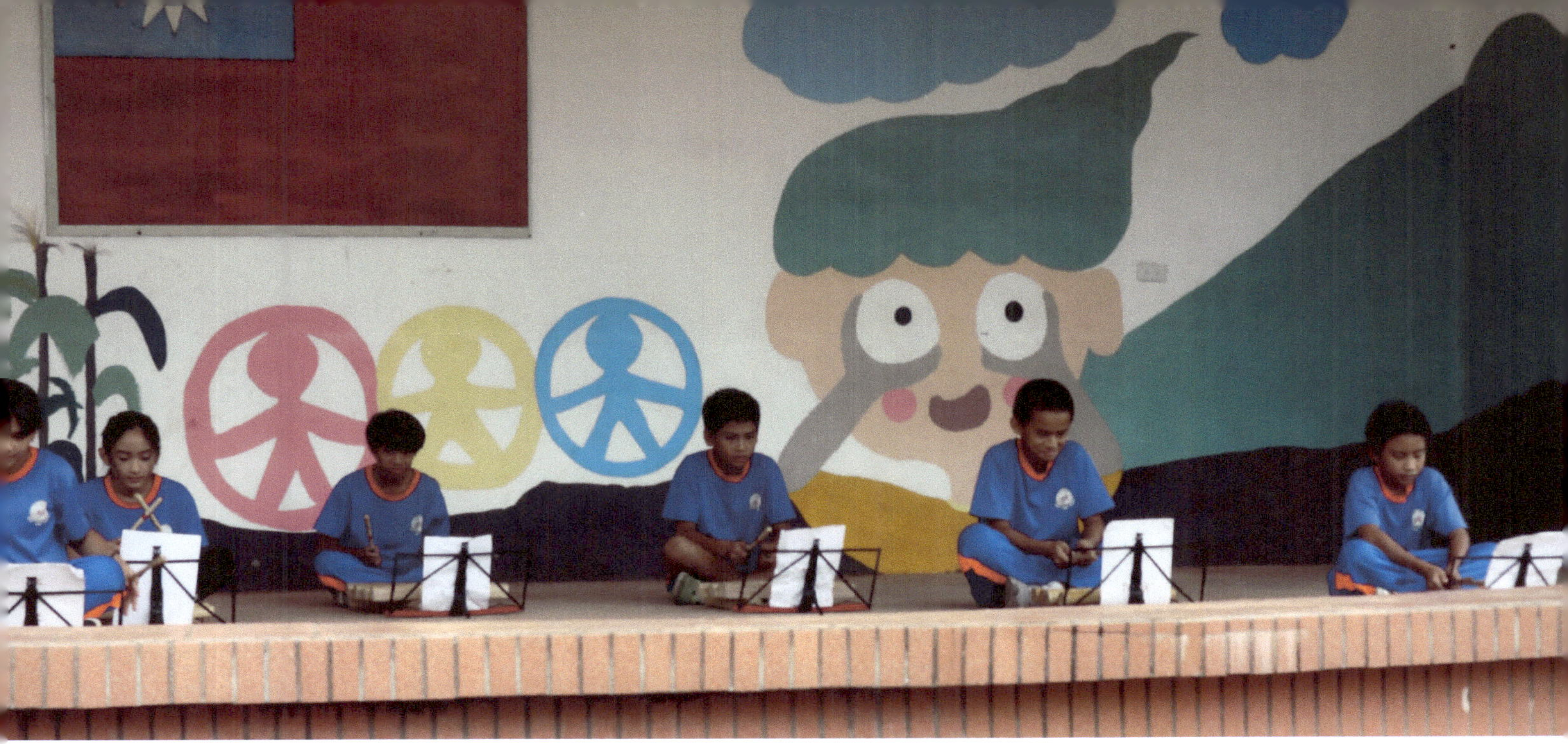

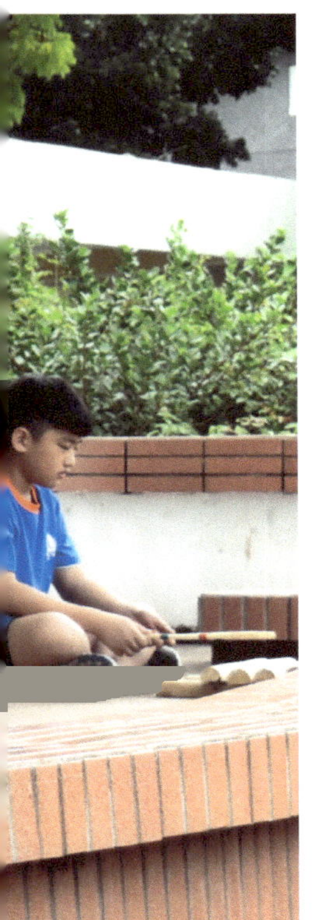

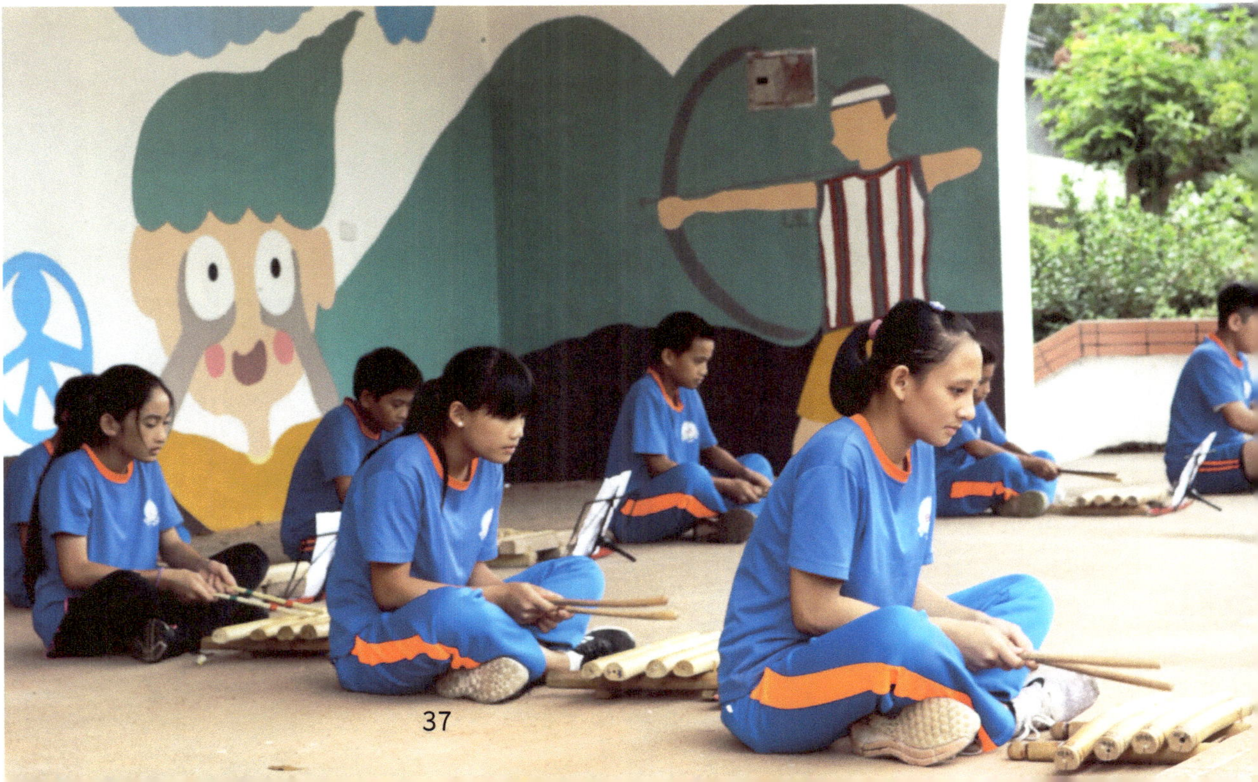

10 月有太魯閣族每年的重要祭典 - 感恩祭，雖然說我們的團隊無法實際參與，但孩子們為我們帶來了他們精彩可愛又逗趣的舞蹈表演。

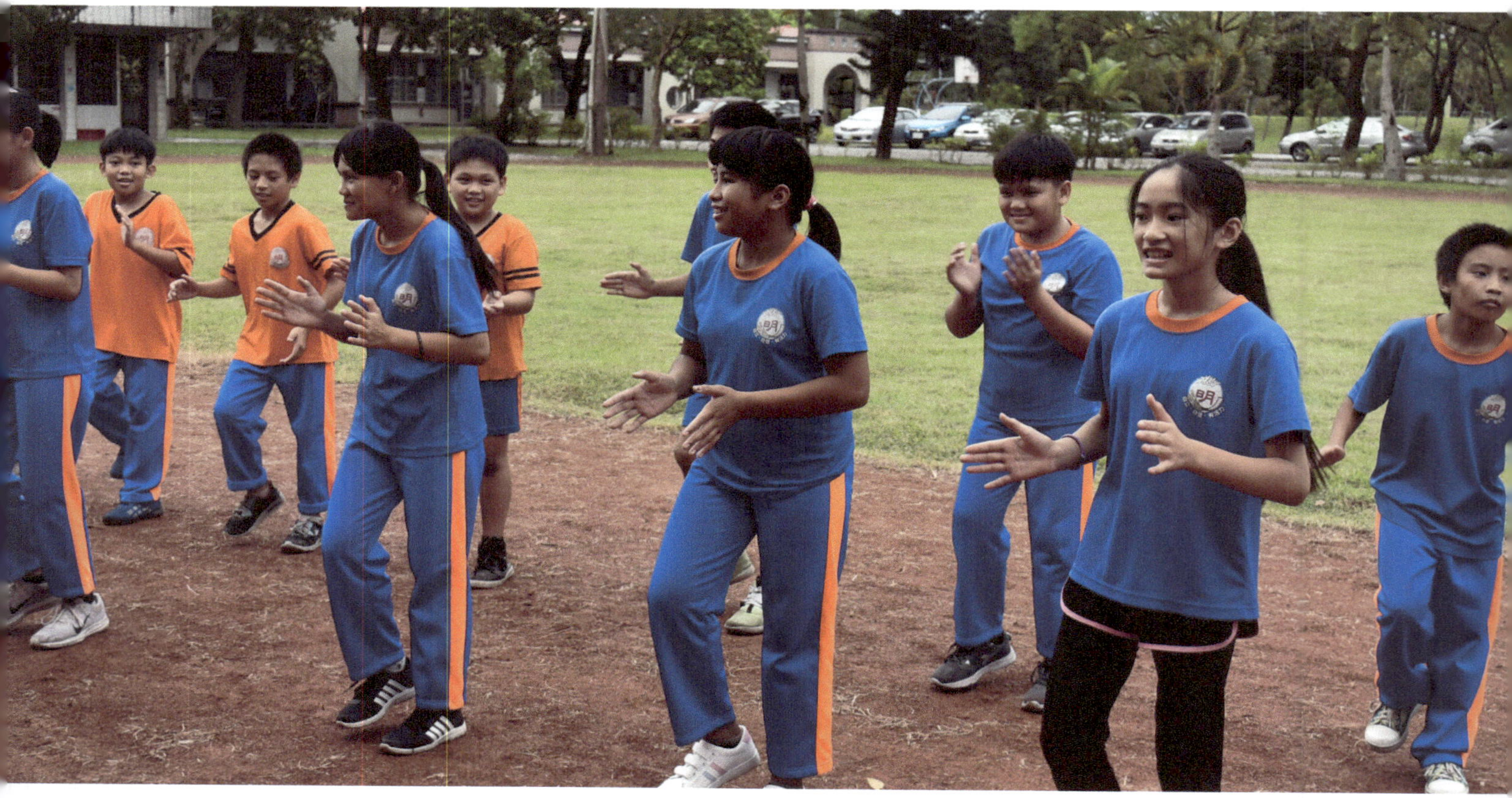

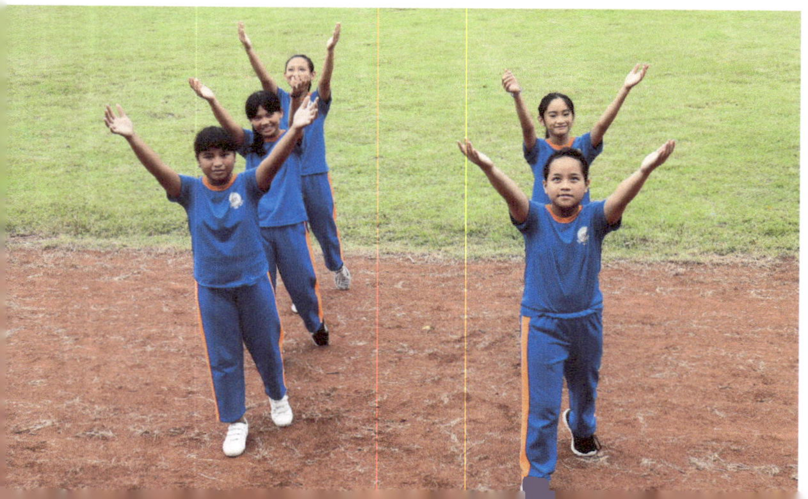

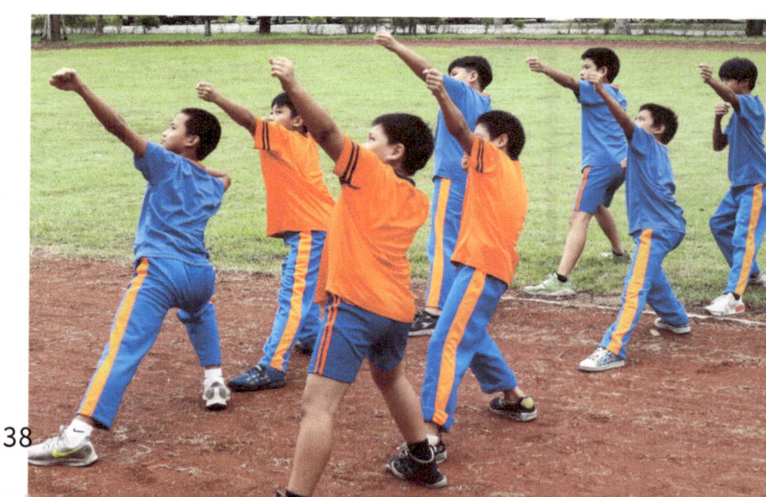

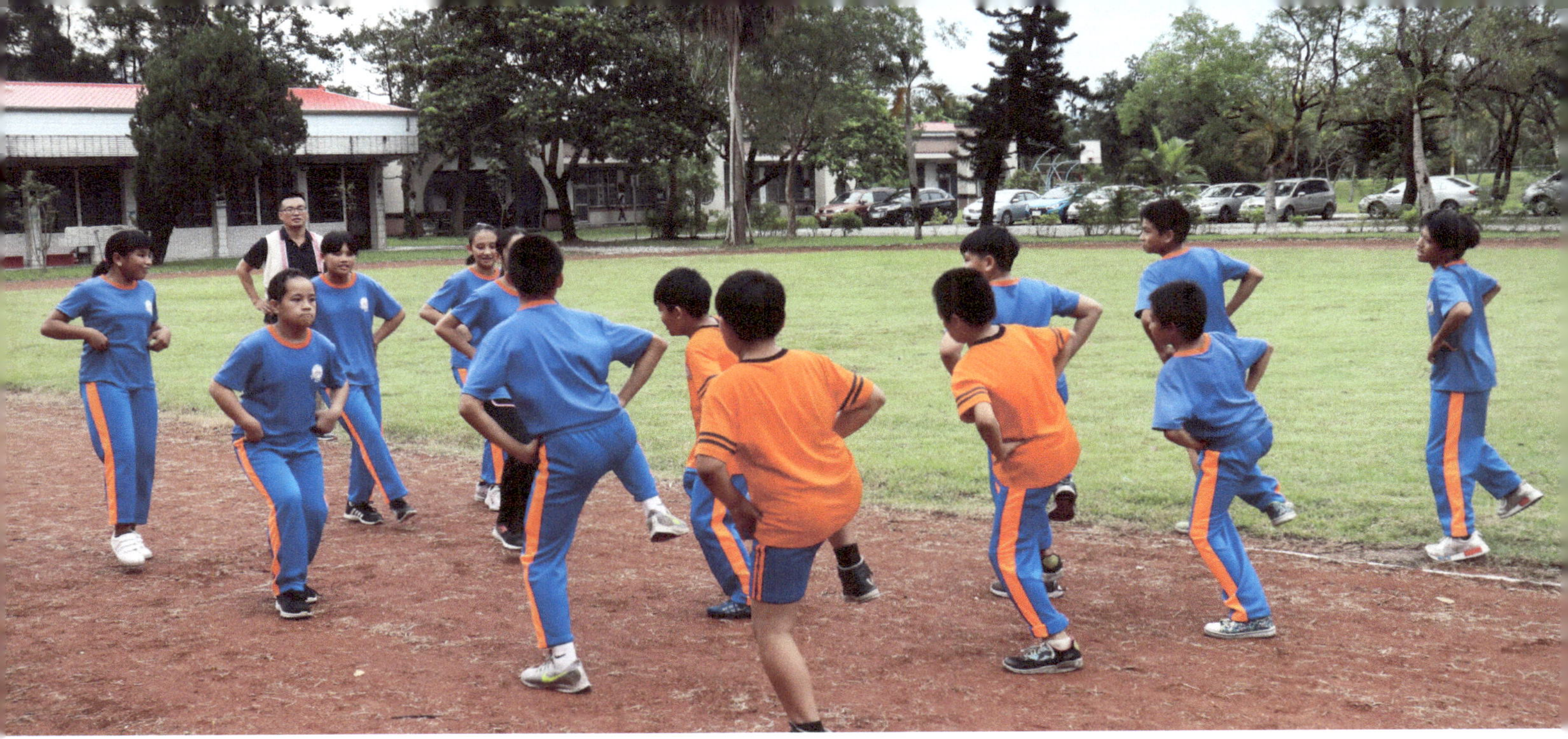

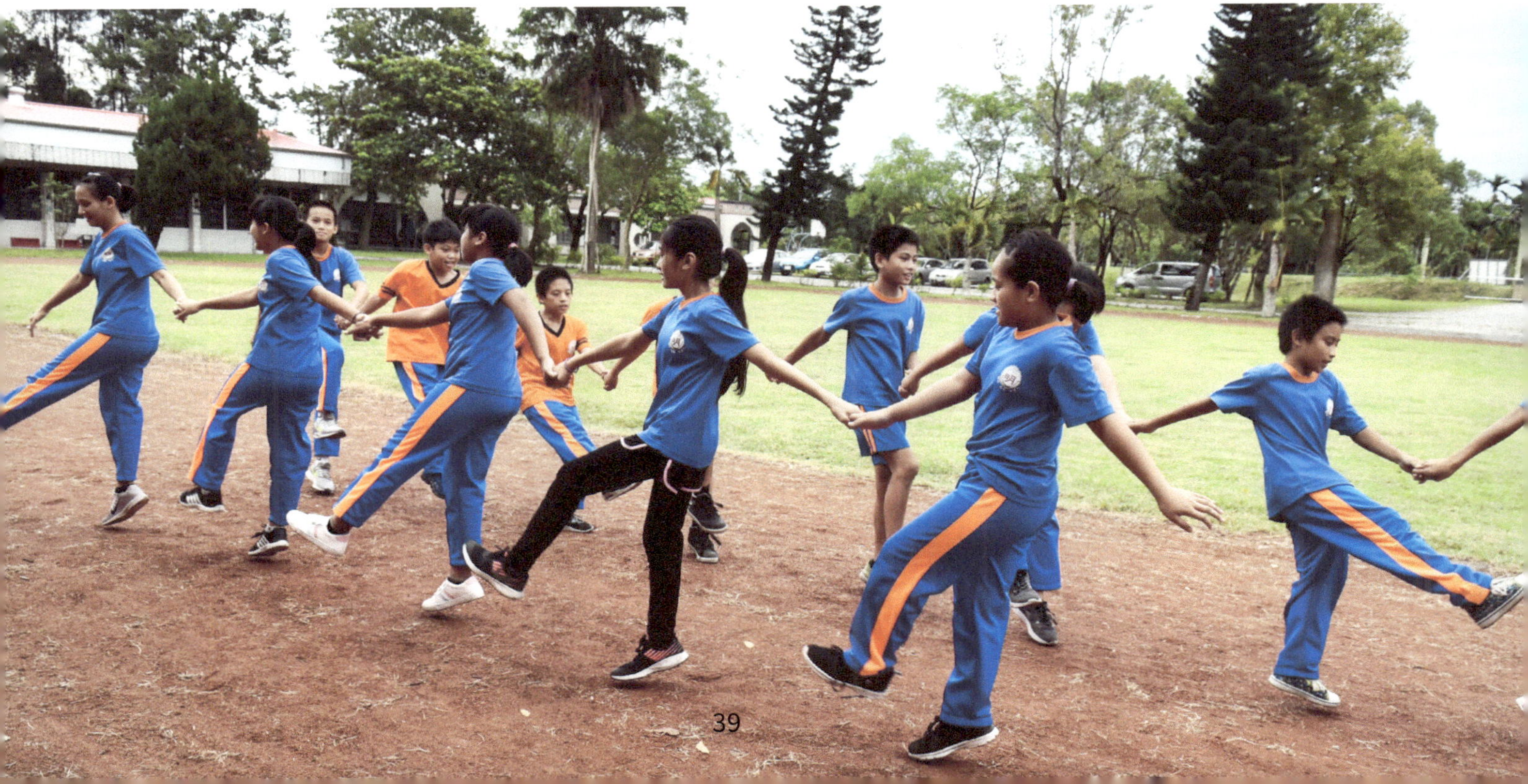

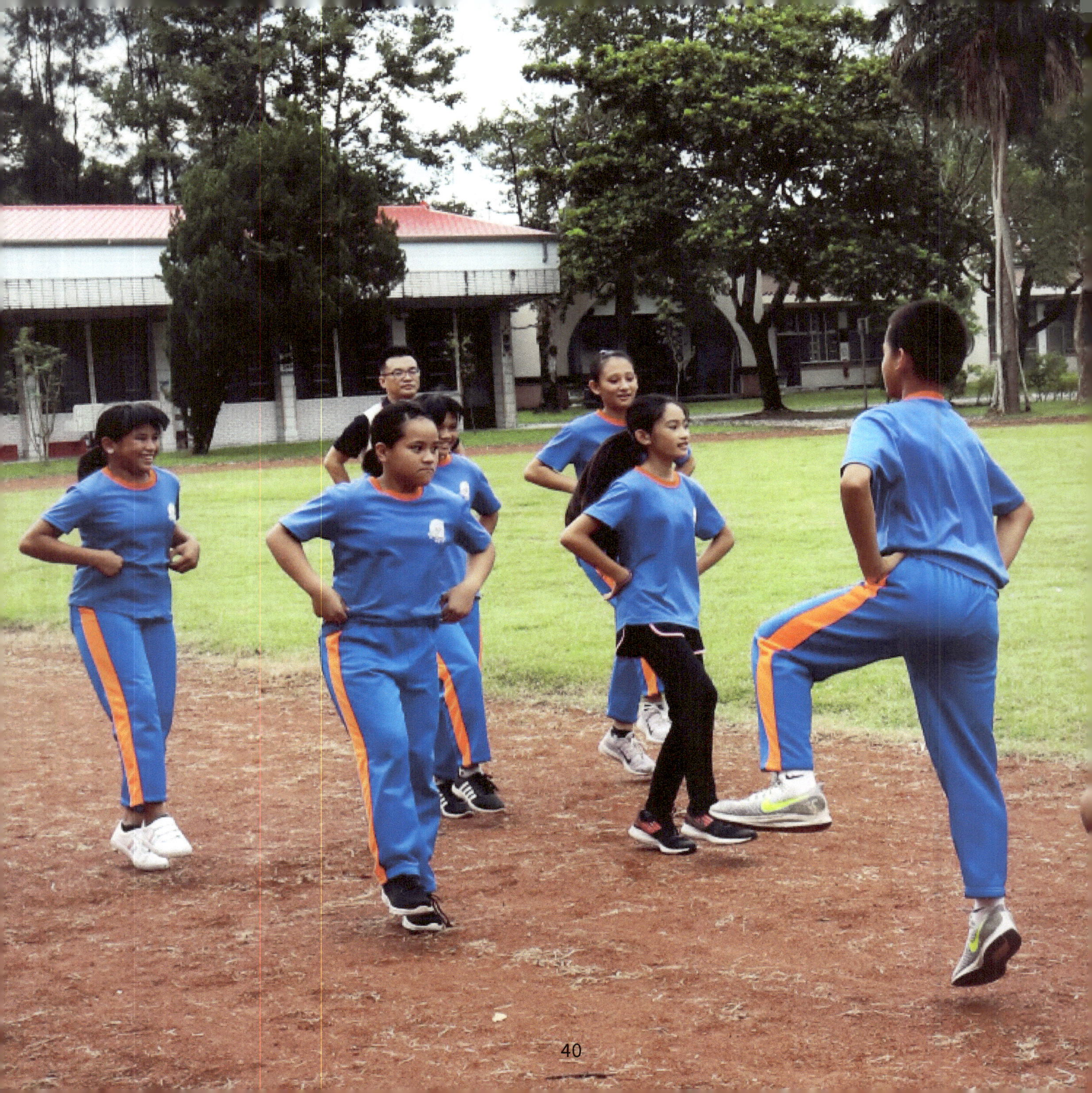

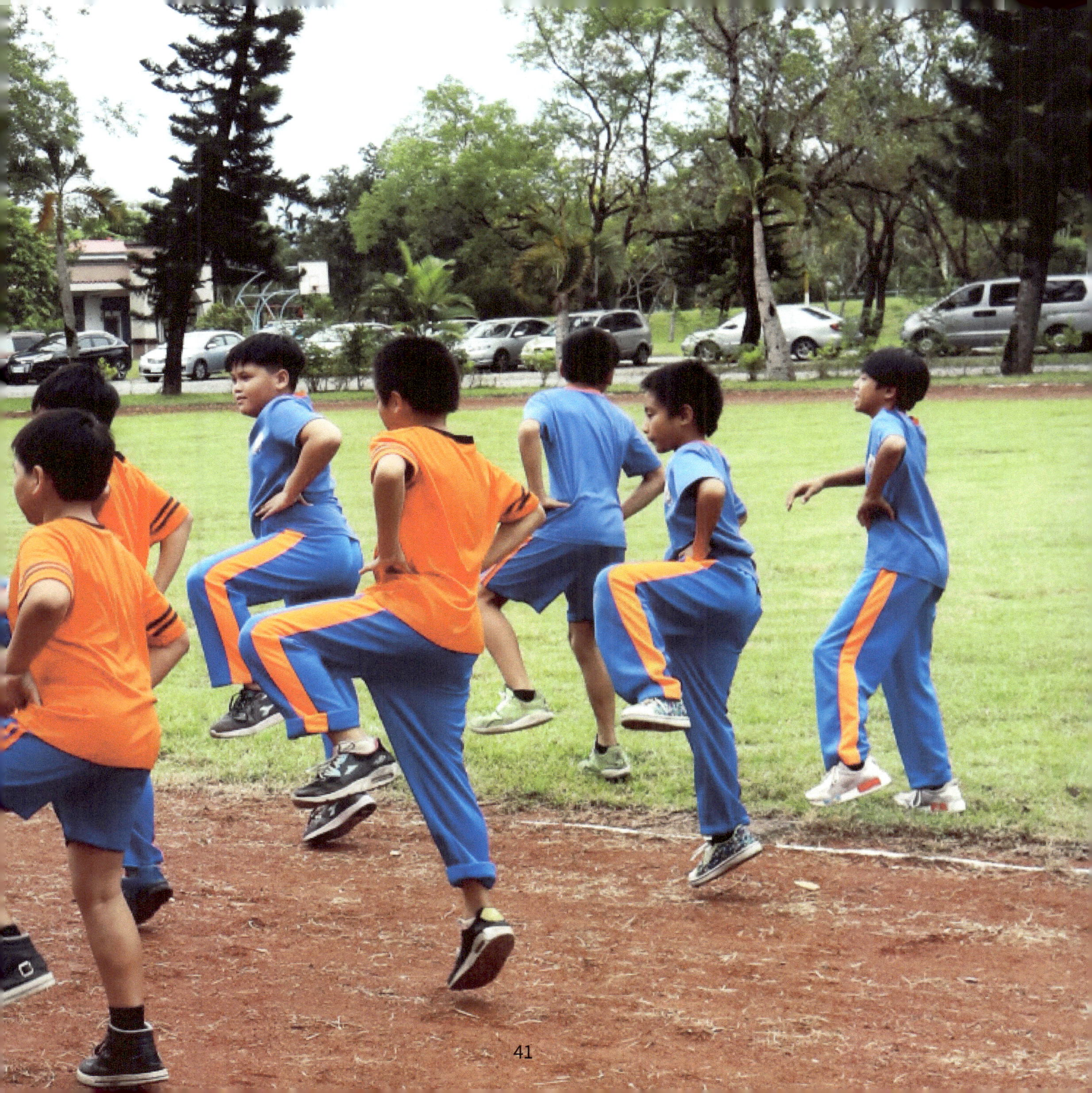

感恩祭暨傳統技藝競賽 - 撥花生

老師們與同學邀請我們一同參與這項逗趣的競賽，對於我們生長在都市的我們，這樣子的比賽真是又新鮮又有趣。

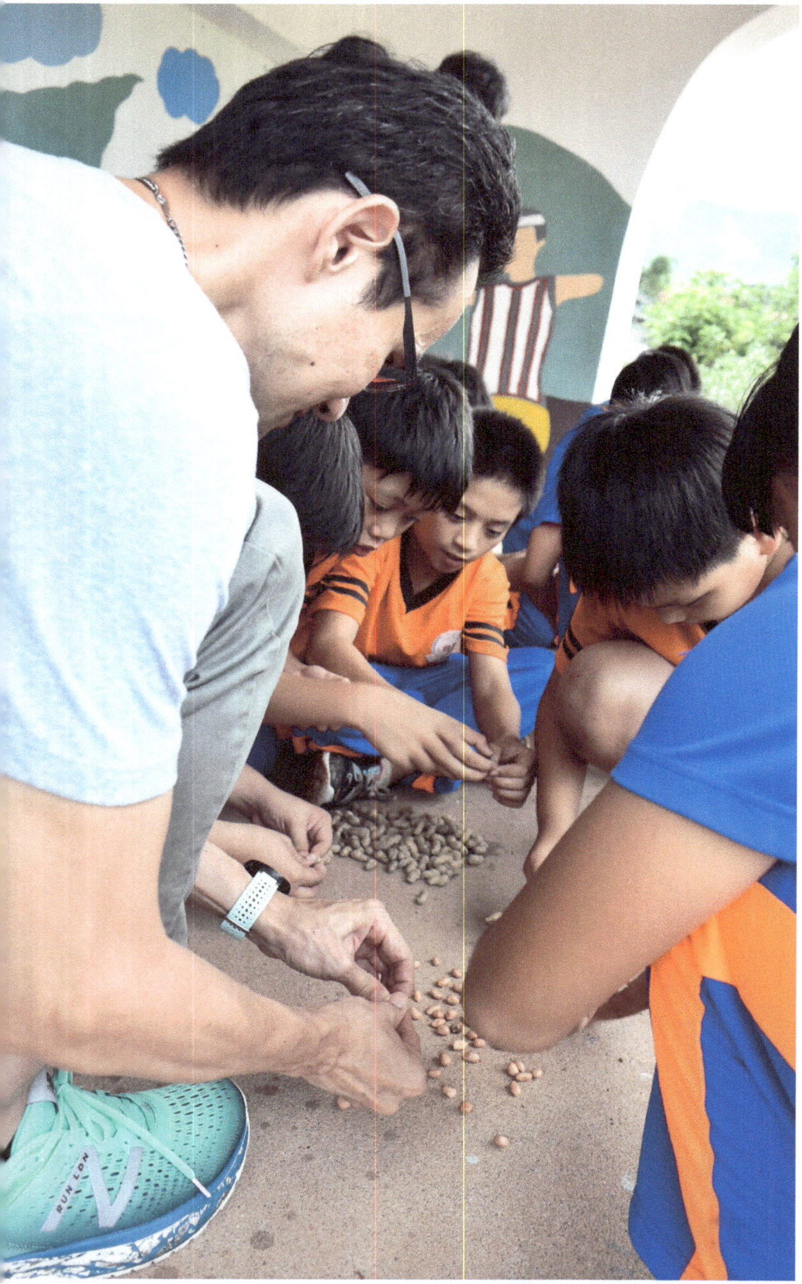

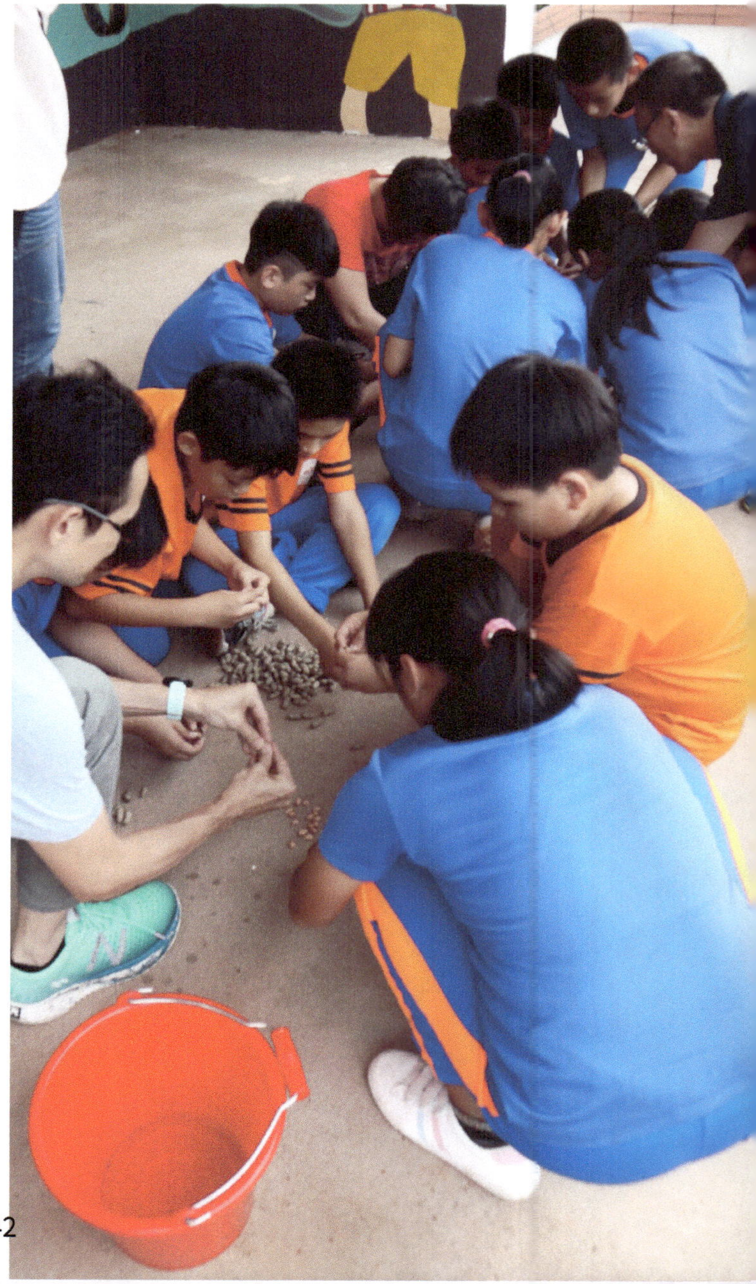

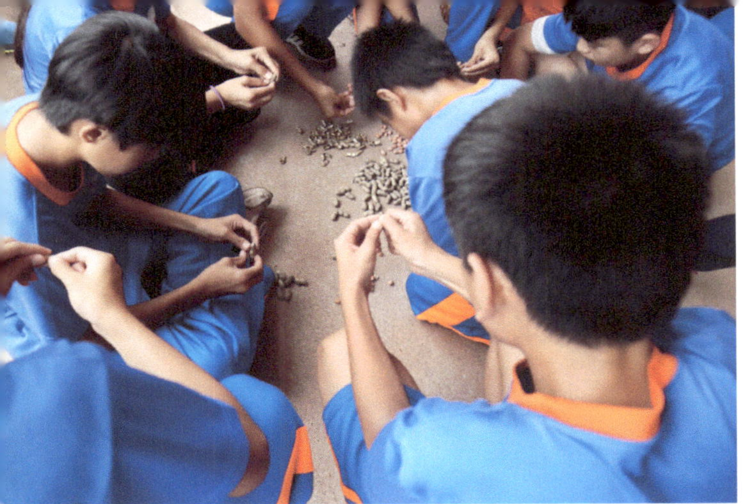
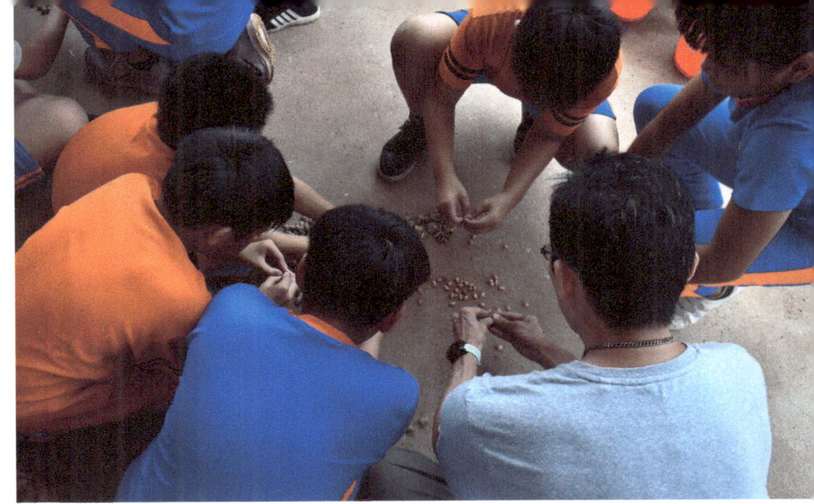

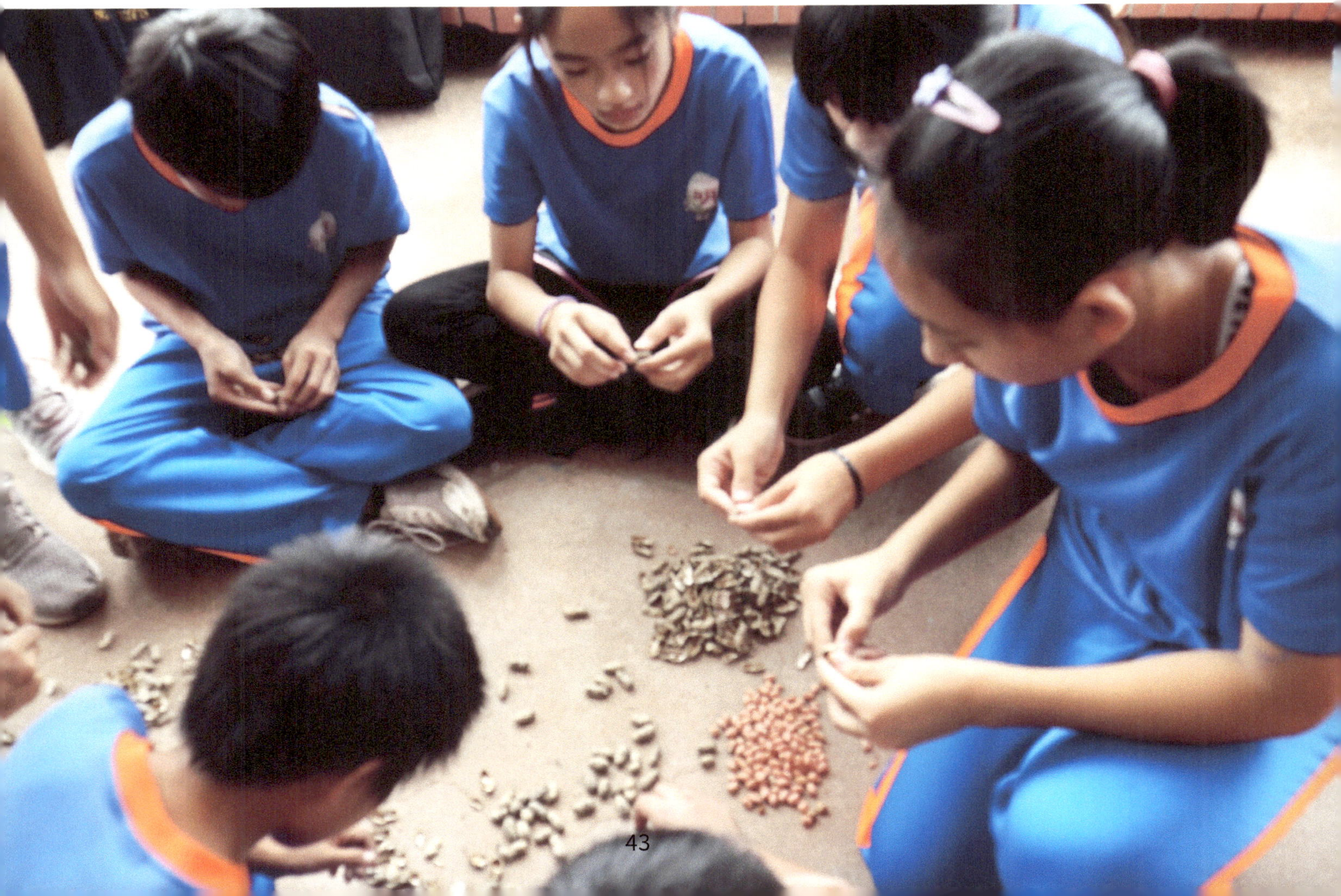

陷阱

　　早期的原住民善用雙手打造工具，使用弓箭、火槍及陷阱置放，都是原住民擅長的狩獵方式。

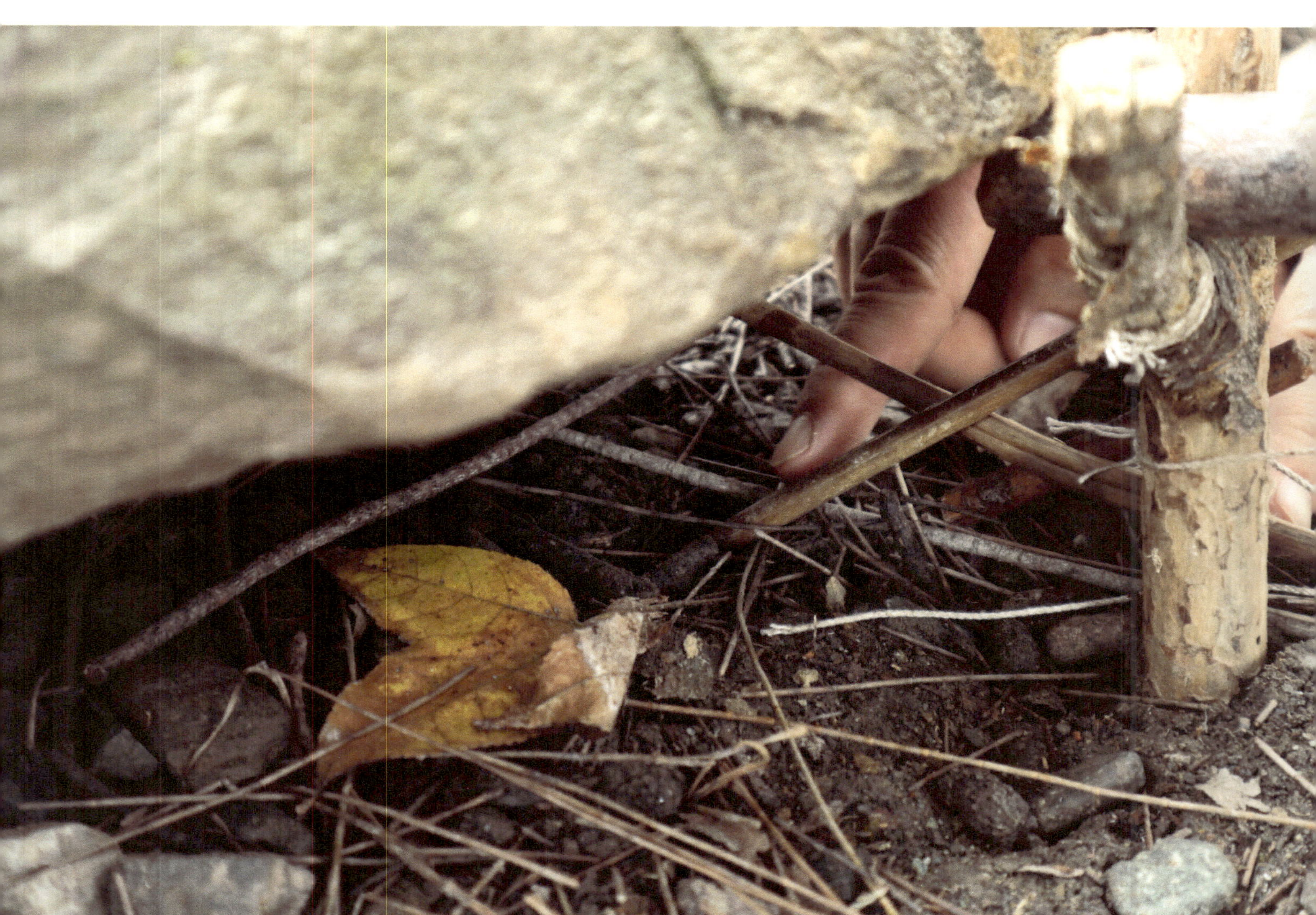

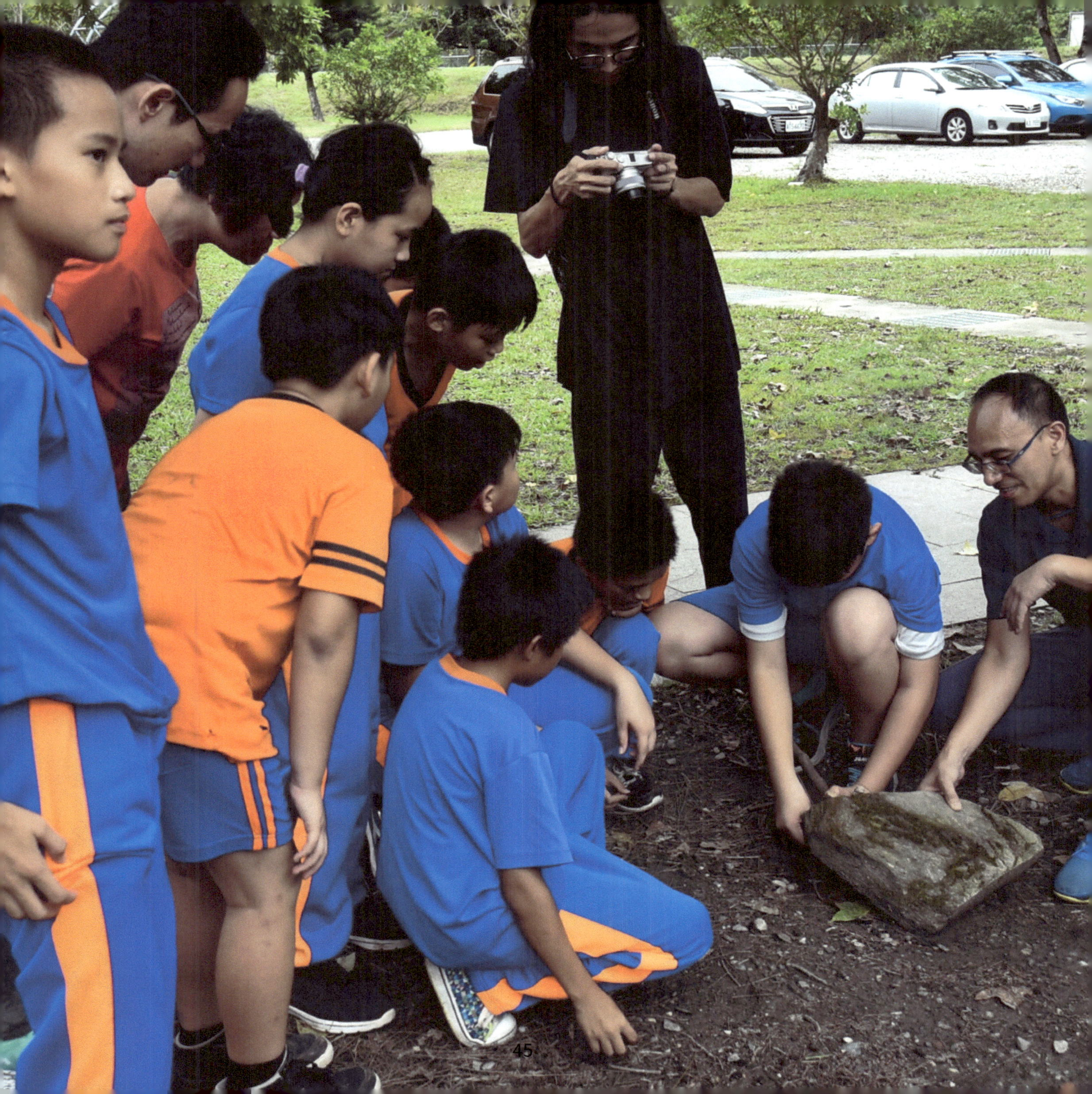

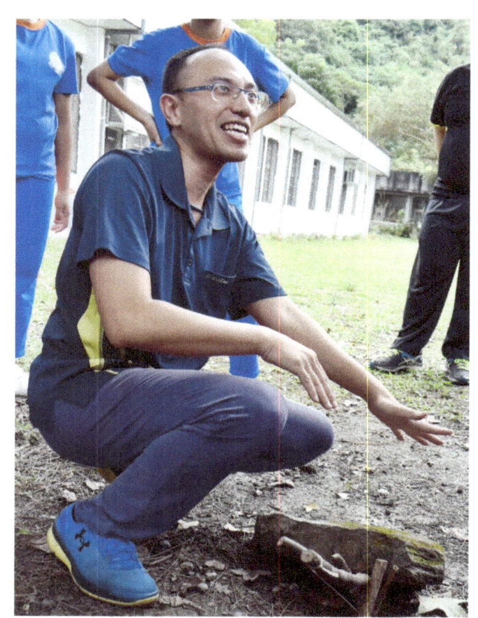
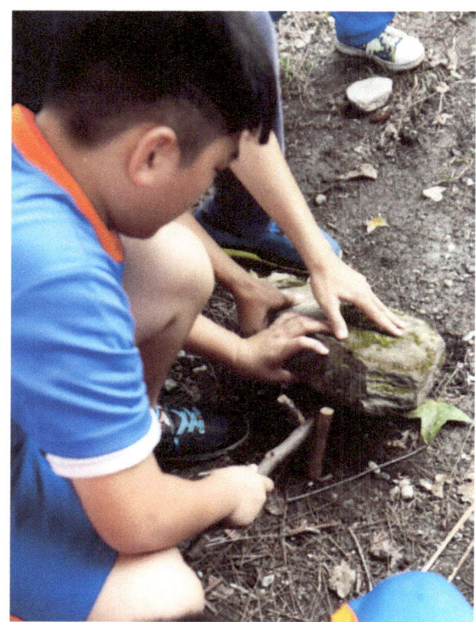
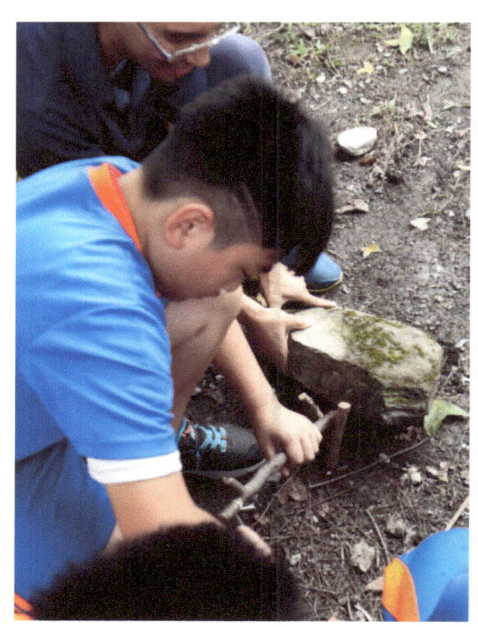

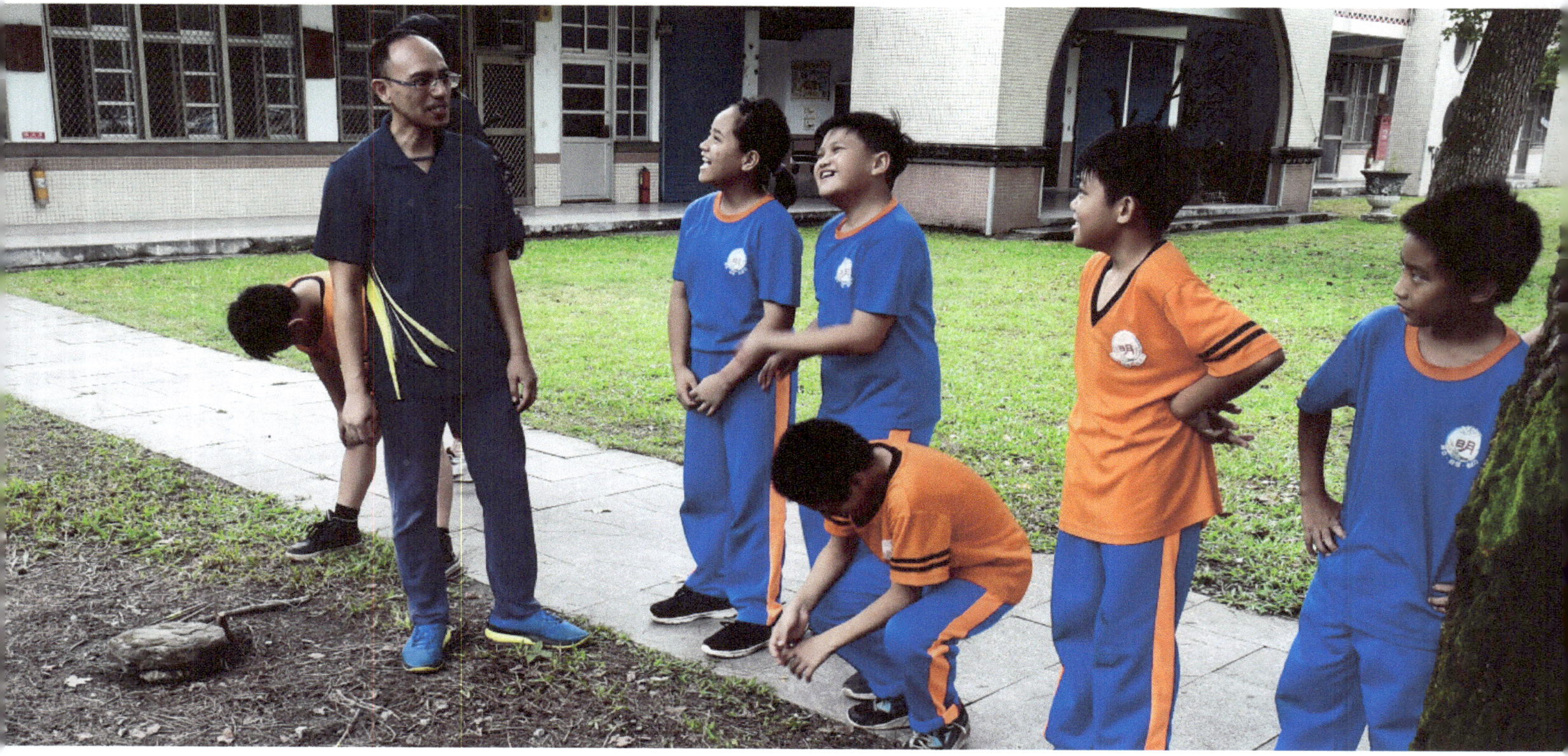

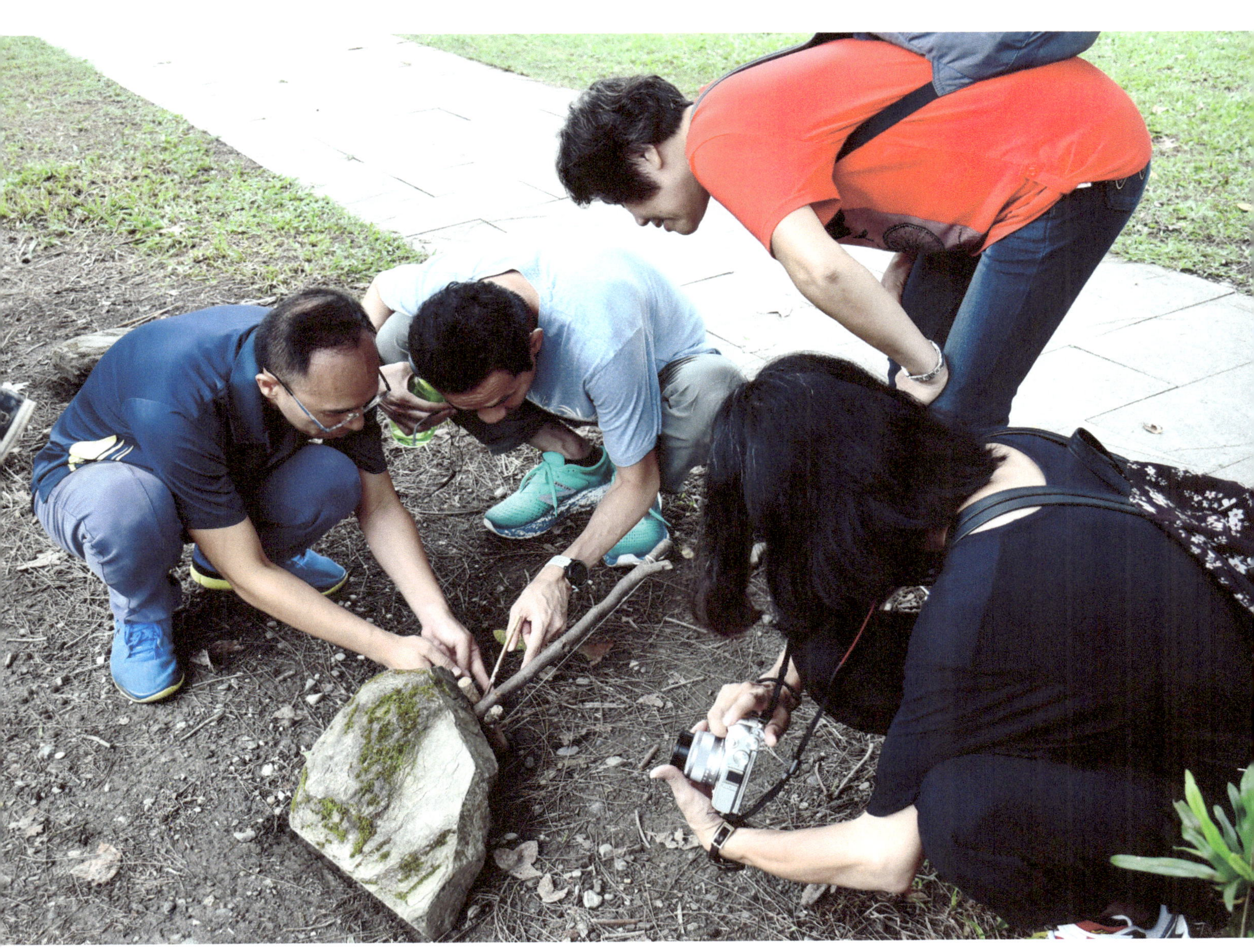

老師細細地跟我們解說製作陷阱很重要的一個個環節。

感恩祭暨傳統技藝競賽 - 鋸竹子

　　看著鋸竹子很簡單，畫面也似輕鬆，事實還真不好鋸，還是有許多技巧的，看著孩子們很純熟的動作，比我們大人們還厲害呢。

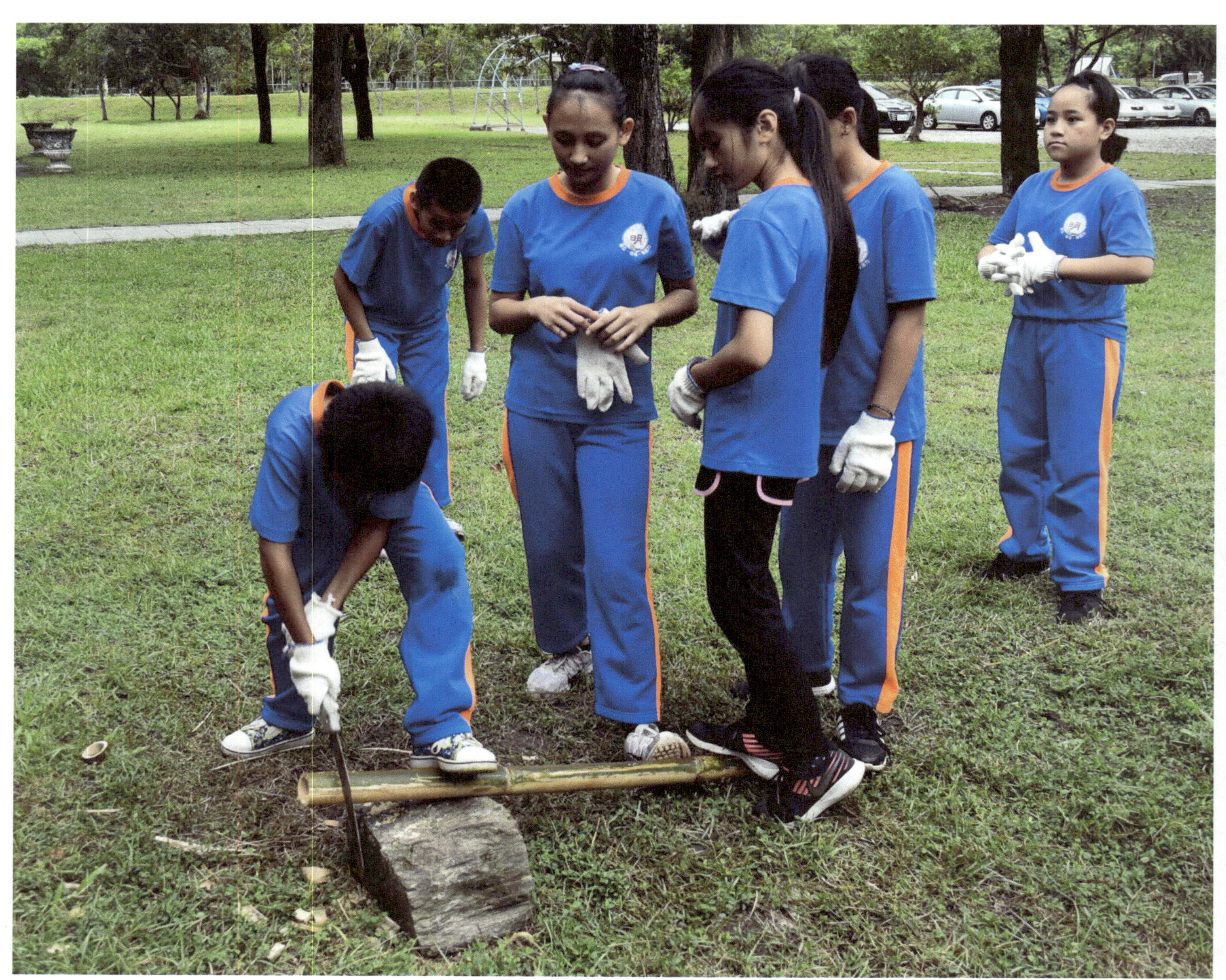

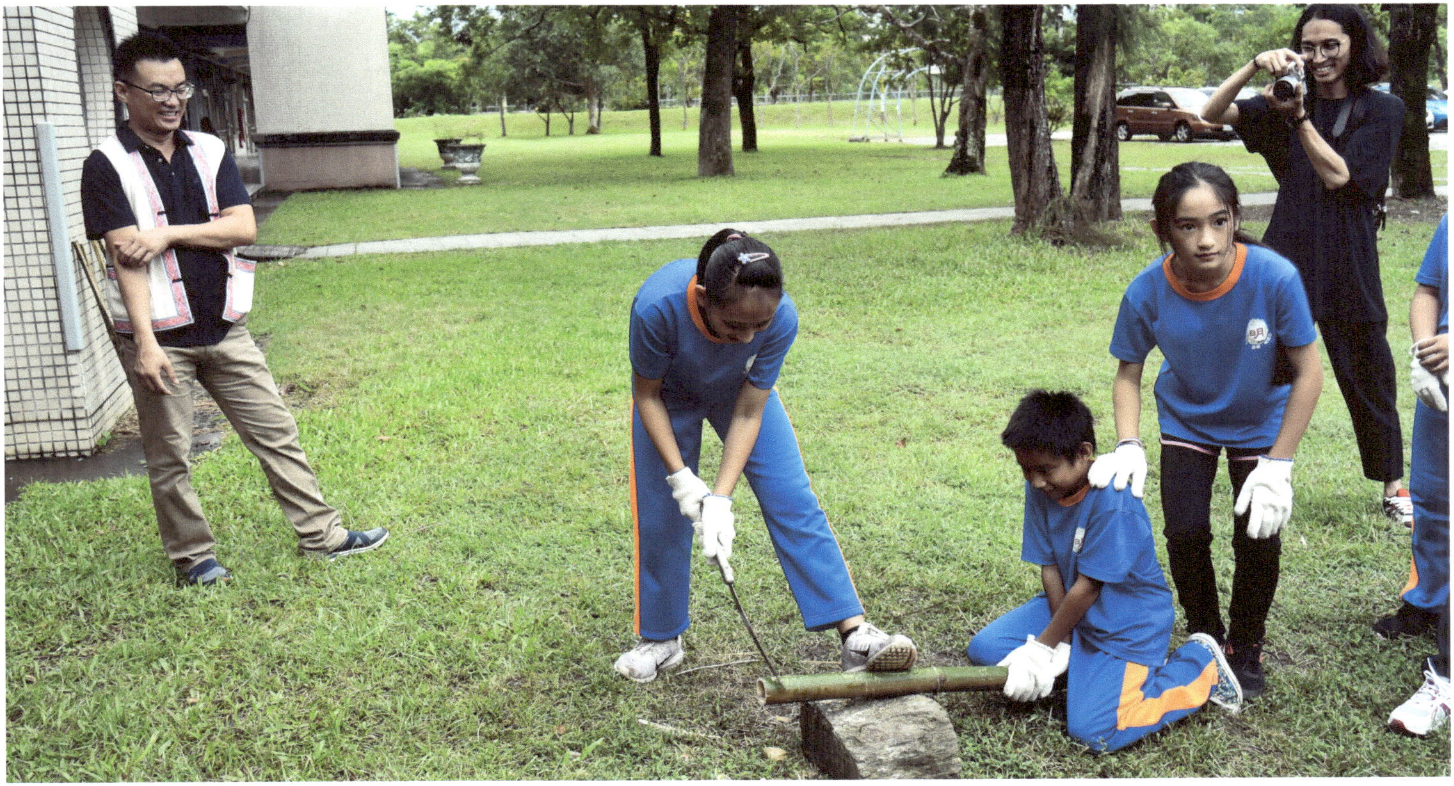

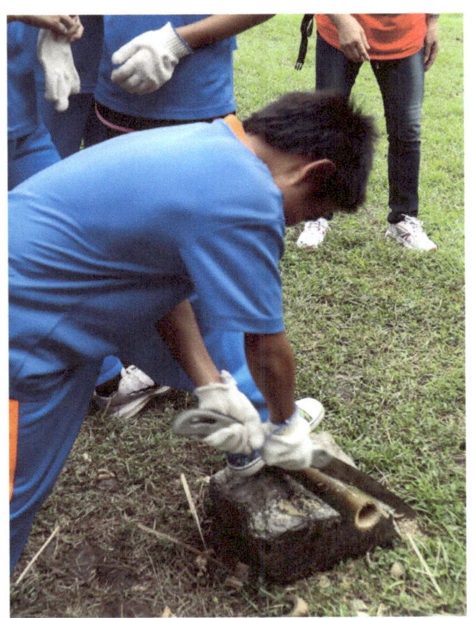

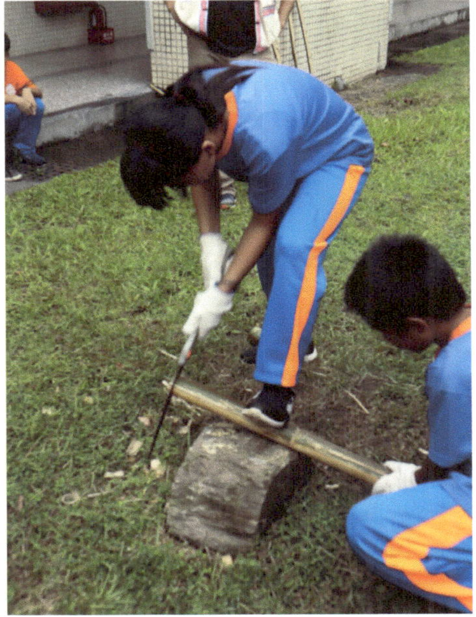

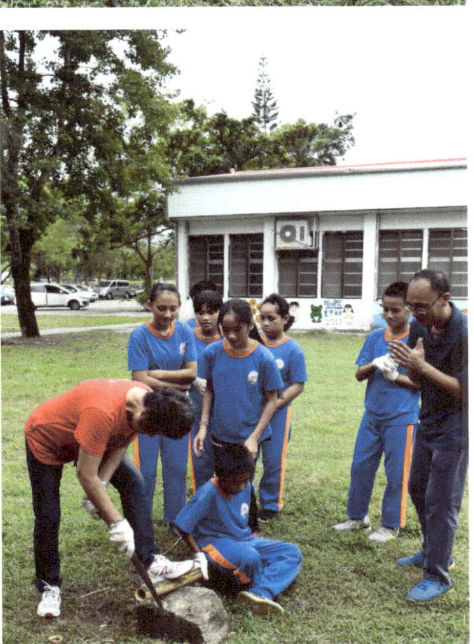

第三篇　人物側寫

鍾大任教導主任──化知識為前進世界的力量

　　會走上教育這條路就是「耳濡目染」四個字。受同樣從事教育工作的父親的影響，對鍾主任而言，當老師不只是一份工作，更是一份利人利己的終身志業。在教育界服務將近 20 幾年，也深以當老師為榮，源於父親說過的一句話：「讀書是遠離貧窮最好的方式與途徑」，這句話不但深深地影響他，也啟蒙了他。

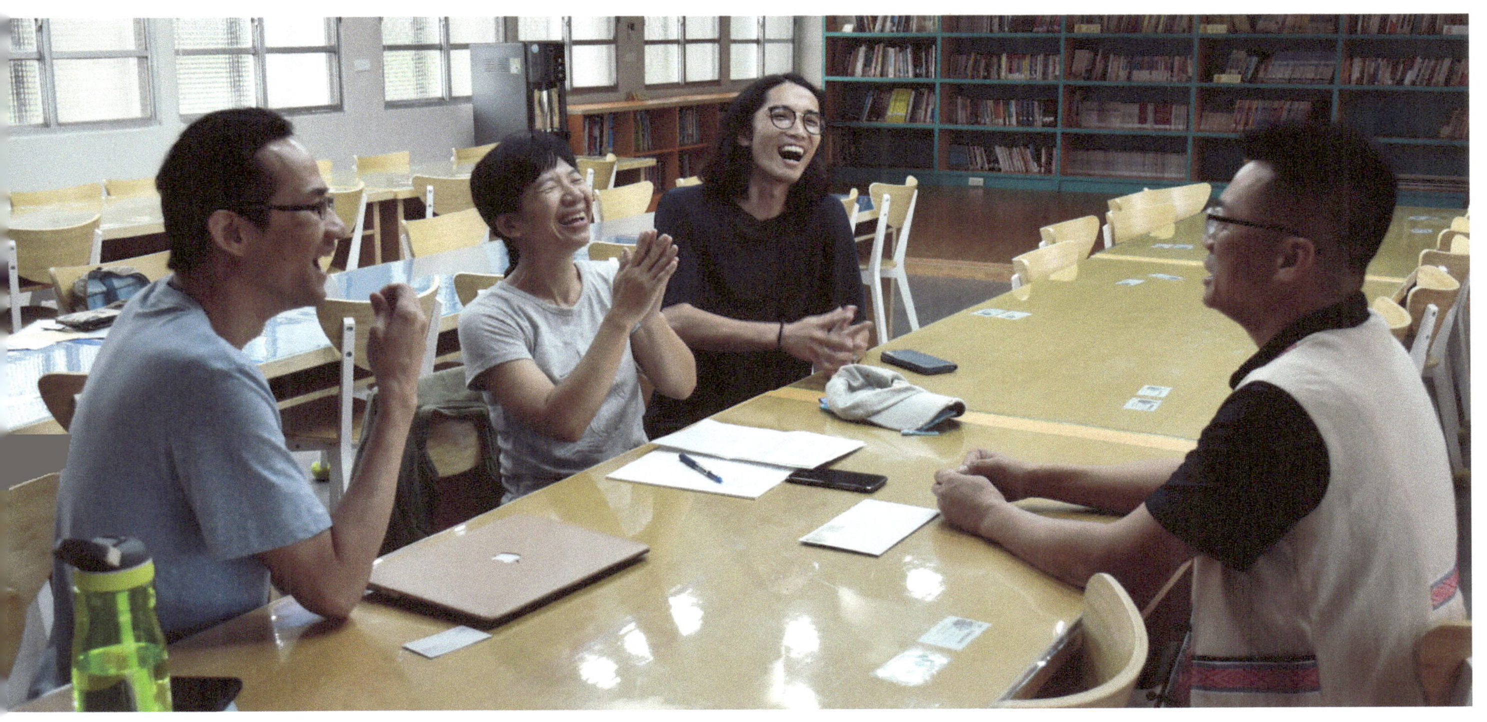

　　眼前這位侃侃而談、笑聲朗朗的鍾主任，除了教育工作外，他的另外一個興趣是「旅行」，想像不到一個偏鄉小學老師已是立足偏鄉，放眼地球村的沙發客。這十幾年來，透過「沙發客」的網際共享與分享，他已接待超過 5 百多位來自世界各國的朋友，後來也反饋成為他探訪世界深入異鄉的難忘回憶。捻指算算世界三大洋五大洲，他已經造訪過 20 幾個國家了。

　　鍾主任總會跟孩子說：「把英文學好，就是你們走進世界的最厲害工具！」知識學會了儲藏在腦袋裡，誰都搶不走，「知識就是力量」即在於此，鍾主任精彩豐富的人生閱歷，便是激勵孩子的最好印證與表率！

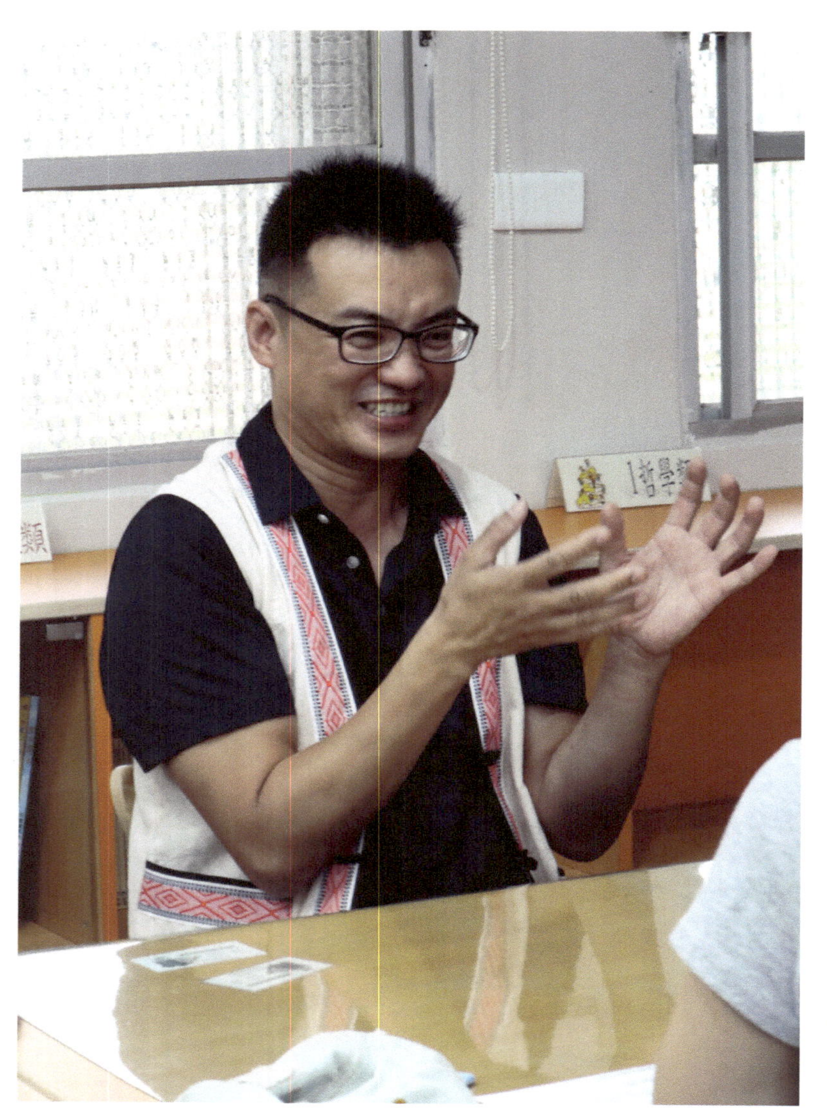

　　「在地球上有個偏鄉小學——明利國小，那裡的原住民孩子，被中央山脈母親般的神山給守護著，有一天他們將走向國際，然後驕傲地對全世界說：我是來自台灣花蓮的「太魯閣族」人，而明利國小則是孕育我夢想的搖籃。」這就是鐘大任和明利的師長夥伴們攜手獻力的共同使命與期待。

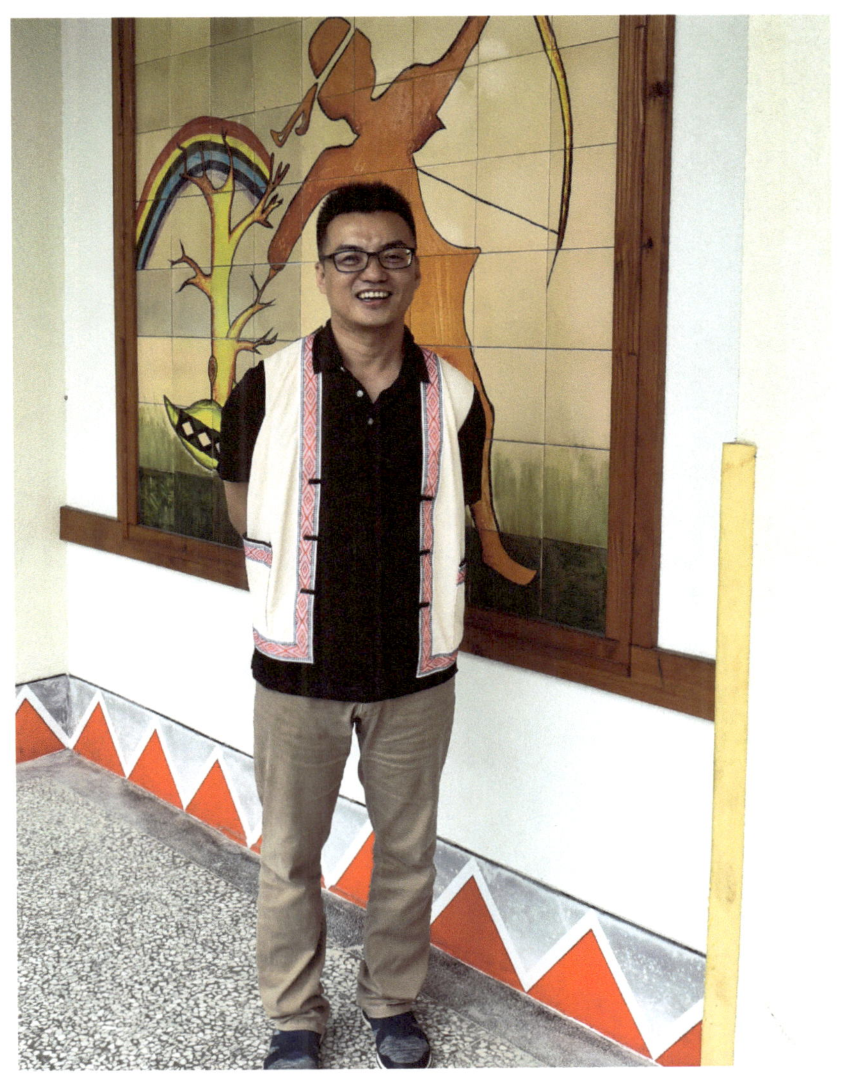

教育學思達

　　偏鄉小校資源並不缺乏，山的孩子需要與地土連結、受大自然的守護滋養，及老師的傾心教導。珍視在地、迎向國際，施予適才適性、文武藝能兼備的教育，師長要擔在肩上的是，給部落孩子抬得起頭的榮光與帶得走的能力。

—鐘大任

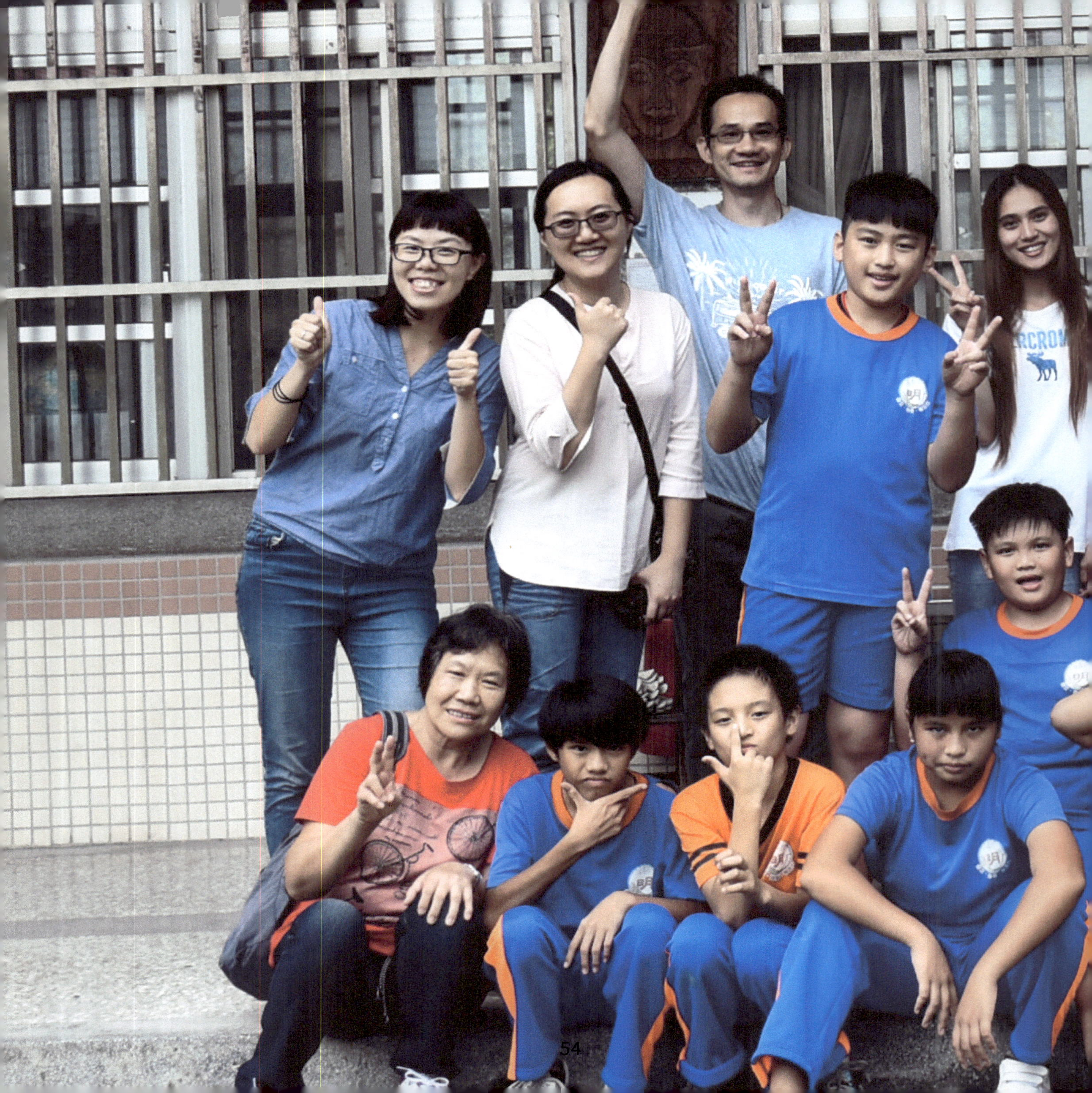

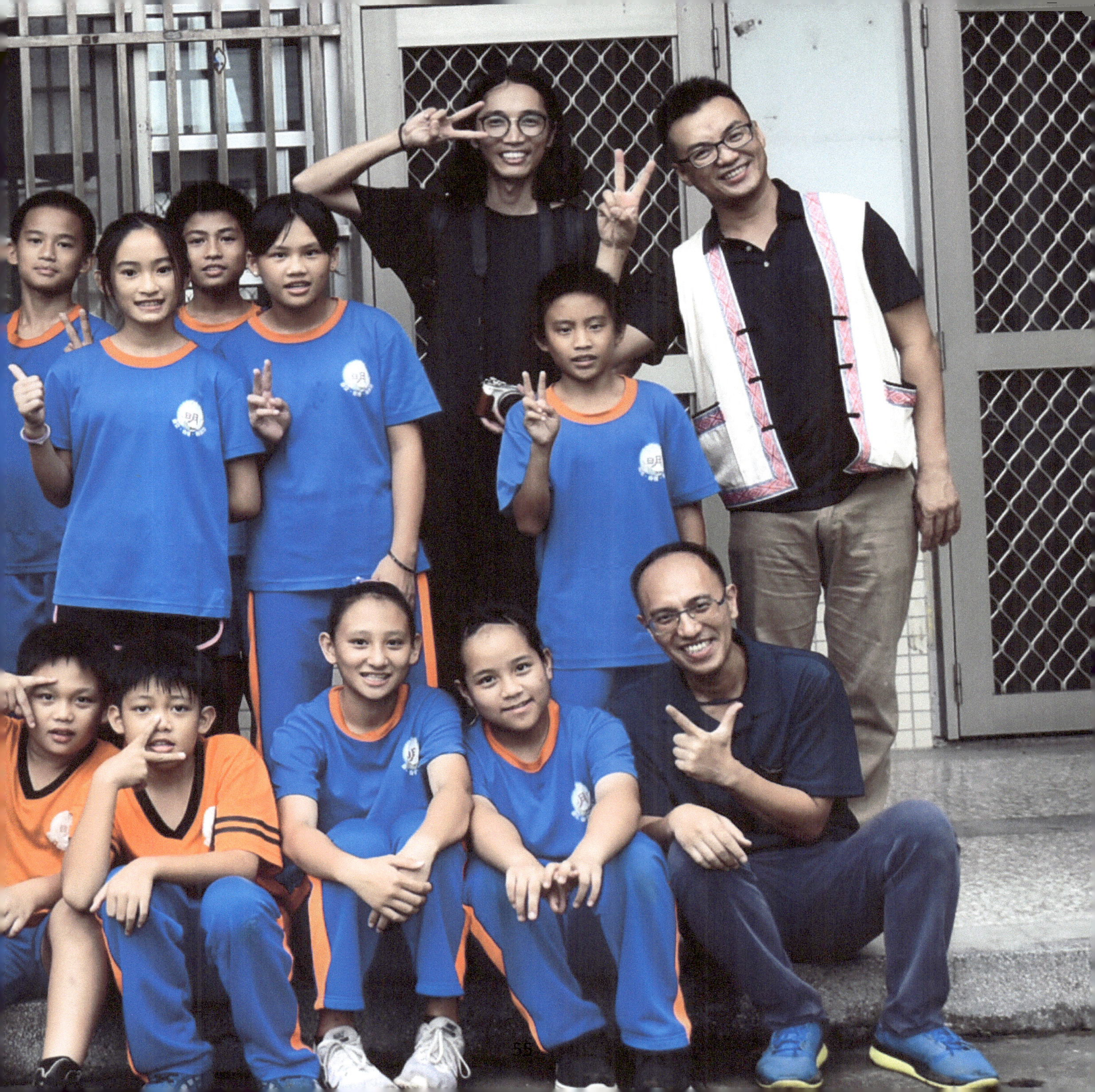